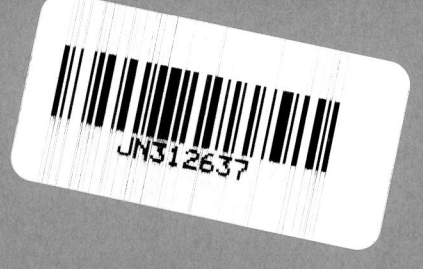

再生名住宅

時を超えるデザインⅡ

まえがき

❖

内田青藏 UCHIDA Seizo

近年の住まいの動向はこれまでと違った様相がみられるという。そのなかのひとつが、中古マンションの動向だ。若い世代の人たちが、古いマンションを購入し、よくあるお決まりの間取りに徹底的に手を加え、自由自在な住み方を展開して楽しんでいるという。新しいマンションだと高いし、間取りも面白くない。そんななかで、建物への出費を抑え、余力を内部の改装に充てるのだ。しかも、中古マンションゆえに大胆な改造が許されるようなのだ。新しいマンションばかりではなく、こうした古いストックに着目し、使いこなしていく機運は大切だし、TVでもこうした改造の様子を扱った番組は、人気があるという。事実、大学の建築や住環境系の学科の新入生たちに入学の動機を尋ねると、TVで見た住宅改造のような仕事がしたいと口を揃えて言う。どうも、出来上がった建物とかつての建物の劇的なまでの変わりようが魅力のようで、建築家やデザイナーたちがまるで手品師のように見えるらしい。

しかしながら、ここでいう「再生名住宅」は、TVなどで紹介されている一般な改造と称されている行為による住宅とは一線を画したものなのだ。そうした改造も大切なのはもちろんだが、あえてその違いをいえば、古い建物の姿を消し去ることが目的ではなく、むしろ、古い建物の魅力を積極的に維持していくことを目的とした住宅ということになる。古い住まいの壁を取り去って間取りを大きく変えることは簡単だが、そうではなく、古い建物の持つ魅力を維持しつつ、現代の生活の場として対応できるように変えていくことも必要と考えているのである。その方法は、創建時の姿に戻すという方法もあれば、その躯体の魅力を意識した改造、あるいは、部分的に古い部分をそのまま残し他を徹底的にモダンなものとする、というようなさまざまなものがみられる。それは、古い住まいや空間あるいはデザインの価値を認めていることであり、その設計者や大工に敬意を表していることでもある。あるいは、そのときに使われた技術や素材への敬意でもある。言い換えれば、現在を存在させている過去への尊厳の行為といえるかもしれないし、こうした実物を通して過去をみることから、新しい住まいの行方がみえてくるように考えているのである。

今回収録した13例は、そうした過去と現在を繋ぐことを意識した住まいである。こうした住まいの存在もまた、われわれにとって極めて大切で必要なことを知っていただければ幸いである。

目　次

003 まえがき

010 現代工法で表現された茅葺き屋根
宝塚・玉瀬の家（設計：澤 良雄／アトリエサワ）
旧森脇邸
文：足立裕司／澤 良雄

020 建築の履歴、あるいは人生の履歴
考忠邸／恒見邸（設計：楢村 徹）
考忠邸／旧大川邸
文：千代章一郎／楢村 徹

032 時間を大地の風景にする方法
丈六の家／日和佐の家／石井重松の家（設計：新居建築研究所）
丈六の家／日和佐の家／石井重松の家
文：千代章一郎／新居照和

044 沖縄民家を現代風にアレンジする
かんから・カン（設計：上原武二）
文：初田 亨／上原武二

054 PFI方式による保存再生の可能性
小笠原伯爵邸（設計：ワン プラス ワン アソシエイツ）
小笠原伯爵邸（設計：曾禰中條建築事務所）
文：大川三雄／國武陽一郎

066 レストランに再生したJ.コンドル縁の建物
銀河館（設計：藤木隆男建築研究所＋鈴木千里設計室）
旧湯河原町・吉浜洋館（設計：土田卯三郎）
文：大川三雄／藤木隆男

076 来歴を読み解き伝えること
米原市醒井宿資料館（設計：林廣伸建築事務所）
旧醒井郵便局舎（設計：W.M.ヴォーリズ）
文：山形政昭／林 廣伸

086 **ヴォーリズ住宅を楽しむ店舗空間**

旧忠田邸（設計：アーク建築設計事務所）
旧忠田邸（設計：W.M.ヴォーリズ）
文：石田潤一郎／堀内恒夫

096 **蘇ったもてなし空間**——伝統的座敷空間の再生

山中温泉・芭蕉の館（設計：パルテノン建築計画研究所）
旧五明館
文：中森 勉／喜多英幸

106 **移築保存の力は再生支援を表明した市民活動の存在**

旧小熊邸（設計：三井ホーム北海道）
旧小熊邸（設計：田上義也）
文：角 幸博／佐々木知仁

118 **震災で被災した洋館の移築再生**

武田薬品工業京都薬用植物園迎賓資料館（設計：指宿真智雄）
旧田辺邸（設計：野口孫市）
文：中川 理

130 **復元により再び蘇った大正洋館**

文化のみち二葉館（設計：伝統技法研究会）
旧川上貞奴邸（設計：あめりか屋）
文：内田青藏／大平茂男

140 **移築された近代和風建築の典型**

龍興寺客殿（設計：魚津社寺工務店）
旧藤山雷太郎日本家（設計：武田五一［顧問］＋中里清五郎）
文：中屋菊次郎／二村研次

153 あとがき

足立裕司
内田青藏
大川三雄
初田 亨
藤谷陽悦
【編著】
石田潤一郎
角 幸博
千代章一郎
中川 理
中森 勉
中屋菊次郎
山形政昭
【著】

再生名住宅

時を超えるデザインII

鹿島出版会

宝塚・玉瀬の家

澤 良雄（アトリエサワ）（2002年）

現代工法で表現された茅葺き屋根

旧森脇邸

A 居間・食堂を見る。素材の選択により、
民家のもつ懐かしさはそのままに
生活機能を重視した改修がなされている

自然素材にこだわる健康住宅

澤 良雄 SAWA Yoshio
❖
アトリエサワ

森脇氏の要望は「この佇まいを残したいが、子どもが大きくなった頃、茅も茅葺職人も手だてが難しいと思われる。昔の家は客間（座敷）を一番良いところにとり、家族は北側の一日中陽の当らない北側で電灯をつけて暮らしている。家族が健康に暮らせる家に改修したい」であった。下地材でさえベニヤなどは一切使用せず、木製建具をはじめとして全て森脇氏とチェックして自然素材を使った。

「納屋」揚家改修：納屋は南北6間、東西2間、西に桁で庇を半間出す。初めて現場を見た時、出桁6間の磨き丸太とそれを受ける湾曲した梁の見事さに感動した。内部の棟木、母屋とも6間一本もので、構造としての簡素さを残したい。揚家して、厚さ20cmの土間スラブを打設し、骨組みを残して全面改修。南から和室6畳、板敷きの間、ユニットバスと便所を配し、蔵の間の井戸は庭の散水のために残す。

「離れ」新築：冠婚葬祭、村の寄合などのため和室は欠かせない。母屋をすべて洋室に変えたために和室を離れとして新築した。座敷8畳、次の間6畳に台目幅の鞘の間を回し、洗面と化粧台、内玄関を設けて単独でも使えるようにした。

「母屋」曳家改修：増築されていた部分を撤去し、初原に戻した形で、納屋・離れとの関係を整理して曳家した。内部は現代の生活に合ったイス式生活である。使える材料は洗いをかけて再利用し、補足の新材には渋柿を塗り、壁は漆喰で仕上げた。離れと渡り廊下で繋ぎ、4年にわたる工事は竣工した。

B 改修前。旧道から趣ある納屋と母屋も茅葺きが見える
（写真提供：アトリエサワ）

C 改修前の納屋の小屋裏
（写真提供：アトリエサワ）

D 改修前母屋（写真提供：アトリエサワ）

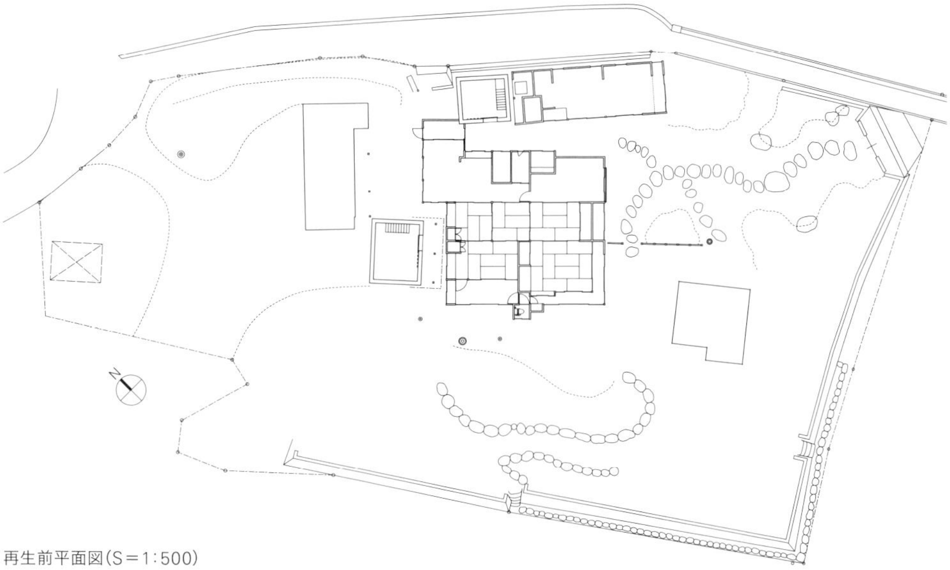

再生前平面図（S＝1：500）

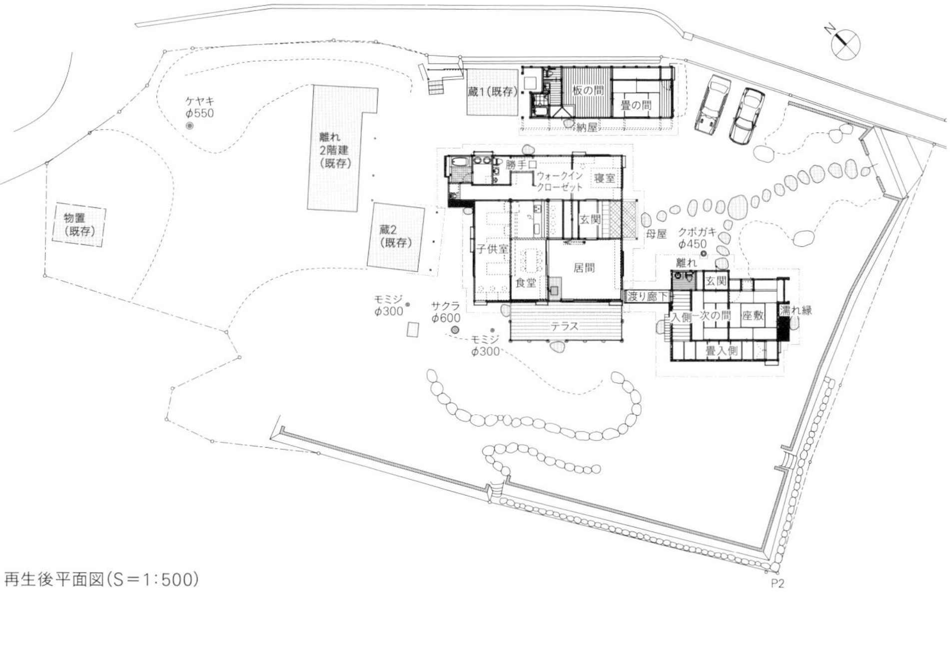

再生後平面図（S＝1：500）

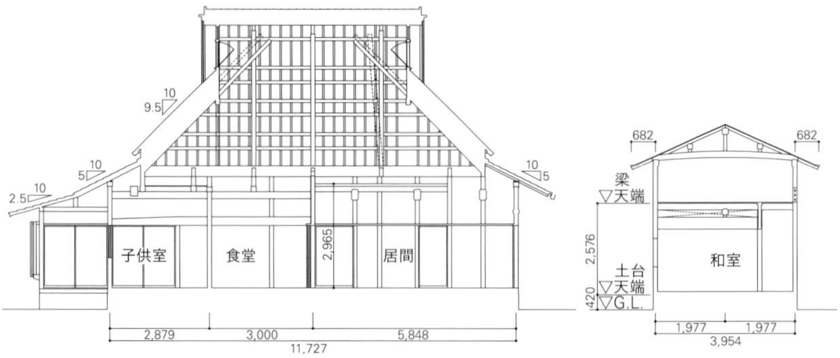

再生前母屋・納屋断面図

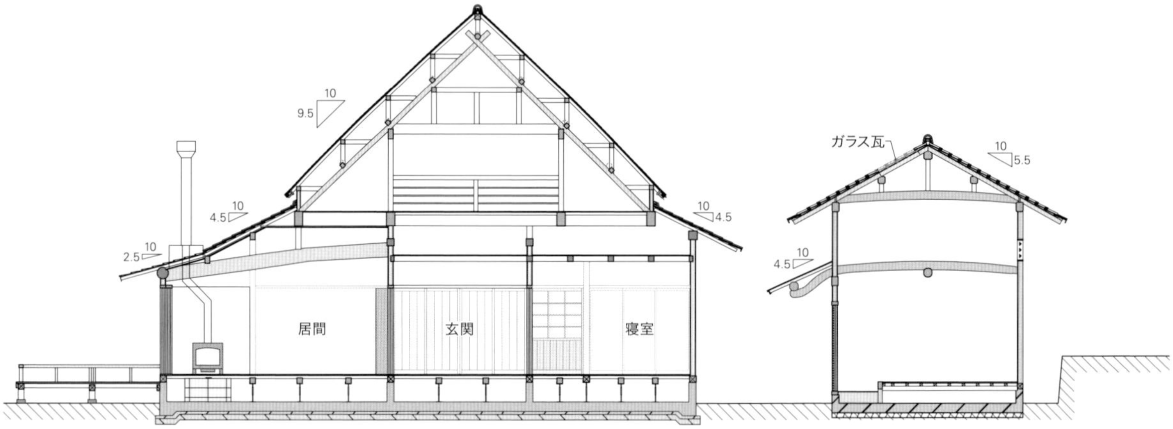

再生後母屋・納屋断面図

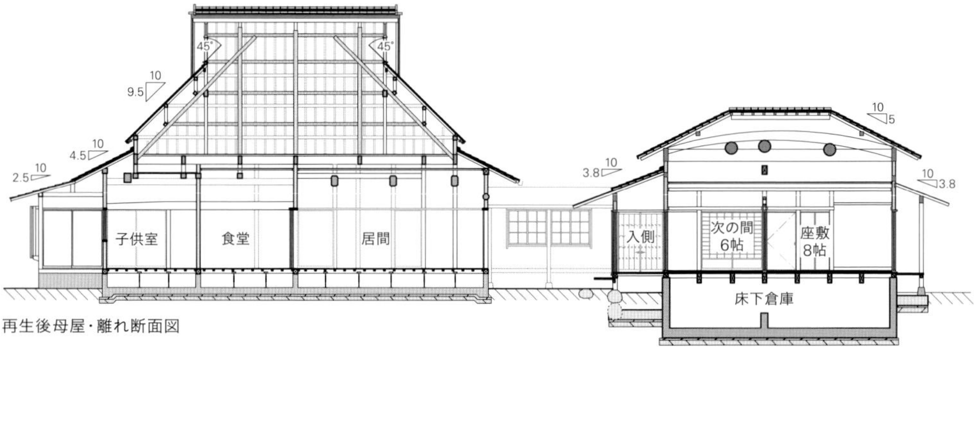

再生後母屋・離れ断面図

茅葺きの茅の厚さを利用して、補強小屋組を挿入した。納屋の小屋裏は梁を現しとして垂直に伸びる空間とした。道路反対側の屋根にガラス瓦を施し、その垂直性を強調した。

E 母屋の小屋組み。改修前の民家はおおよそ江戸末期のもの。
台所の上を開放し、小屋裏をロフトにした。
民家も小屋裏の趣はそのままに茅の埃っぽさは解消された

劇的ビフォー・アフターという世界

❖

足立裕司 ADACHI Hiroshi

F 改修後南面外観。山並みの麓に前と変わらぬ佇まいを残す

住宅設計に携わる方であれば、「劇的ビフォー・アフター」という番組をご存じと思う。どこででも抱えている問題だが、やや極端すぎる事例を紹介した後、颯爽と「匠」が現れる。解決不能とも思われる課題を見事に解いて、まずはめでたしめでたしということで番組は終了することになる。見事なまでに型にはまった進行でありながら、毎回、人と課題が違っていることが持続してきた理由であろう。少なくともこの番組は古い建物もリフォームすることで住み続けることができ、その住み続けることの意義を一般の人々に広めたという点で評価しておかなくてはならない。

これまで建築家はあまりにも新築に絶対的な価値を置きすぎてきたと思うし、それは裏返せば建築家の個性に対する妄信であったと考えられる。社会的な観点に立てば、一方ではプレハブメーカーが隆盛を極め、建築家への個人住宅の依頼が減少していくなか、既存のストックに対する無関心という建築家のこれまでの習性は一度考え直す必要があった。ようやく伝統的な民家にも関心が集まりはじめ、一部にはそれを専門とする建築家も現れているが、まだまだ不十分に思われる。とくに阪神・淡路大震災後の伝統的家屋への信頼の揺らぎを考えると、既存の木造伝統工法自体の危機的状況、その担い手である小規模だが地域に密着した工務店、大工組織の危機というより大きな問題を孕んでいるだけに、事はより深刻である。そんななかでのこの番組の登場は、まずは評価を優先させておく必要があろう。

劇的ビフォー・アフターの構図

とはいえ、この番組を肯定的に捉えている建築家はそれほど多くはないようだ。その一つの理由は、リフォームにしてはあまりにも壊しすぎではないか、それでは新築と変わらないのではないかということに起因している。しかし、ダイエットの広告でこのビフォー・アフターという構図が使われはじめて以来、変化は目に見えるものでなければならない。みすぼらしい事前の姿をまず徹底的に、とはいっても

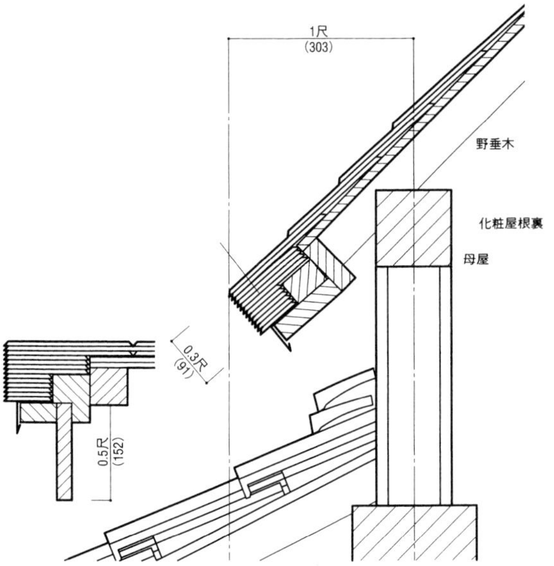

母屋屋根断面詳細図
屋根にむくりをつけ、茅葺きの柔らかいイメージを残す。下り棟をすっきりとさせる材料を探して2年、森脇氏と天然スレートを採用することで合意に達した。屋根の勾配は茅勾配を再現したが、茅からスレートへと積載加重が増えたので、扠首組の下に補強材を入れた。

G 母屋居間・食堂をみる。建て主からの意向は、現代の生活に合った改修を、というものであった。たとえ写真写りがよくとも、今の暮らしに合わず無理を強いては意味がない、との考えがあったそうだ。例えば民家における台所もそのひとつで、女性にとっては重労働を軽減する空間構成ではなかった。この家では間取の中央に配置され、使い勝手を重視している

G

H

I

H 納屋の小屋裏

I 納屋。まずこの納屋が改修され、ここで生活をしながら母屋を改修した

J 母屋南面外観。職人不足の現況などからメンテナンスを考慮し、天然スレートに葺き替えた。遠目には茅葺きのシルエットが保たれている

J

K 改修後居間。壁の後ろには台所と収納、正面の引戸の奥には玄関がある

L 新築の離れから母屋をみる

すべて壊すと新築になるという矛盾を抱えながら、限定的に、徹底的に壊すというのがまず最初の儀式となる。

しかし、限定的であってもすべてを壊すと住み続けるという連続性が断ち切られることになる。これはビフォー・アフターの番組のコンセプトとして矛盾である。そのために必ず思い出の品、思い出の部材が姿を変えて受け継がれる。そこで、建築家はものつくり、つまり製作まで担う「匠」への変身を余儀なくされる。「仕口なし？」と思うような釘打ちだけの素人芸はアイデアで乗り切る必要がある。

そうした皮肉はさておき、この番組で共通して感じられる問題は、古い建物のもっている本来の形式と素材が、ほとんどすべて変えられてしまうことである。それは、間仕切りを撤去することで得られる空間の一体化であり、さらに2階をも取り込んで吹抜けとして開放される場合も少なくない。つまり、多くの日本家屋がそうしたモダニズムの形式を許容する構造をもっているからこそ可能だということに注意すべきであるし、あまりにも安直にその構図に頼りすぎでいるようにも思われる。

戦後定着することになった木造モダニズムは、もう少し素材感を重視していたし、伝統的な部分意匠を継承することにも配慮があった。この番組にみられるあまりに視覚重視、表層的なリフォームを、もう少し歴史の継承という側面から考え直してみる必要がある。それは抽象と構成の美だけでなく、時間と記憶の造形という観点から捉えなおすことである。

伝統を象徴する屋根

本題の森脇邸であるが、この建物は宝塚市の北部、西谷に位置する。宝塚というと、宝塚歌劇で知られているように都会的なイメージがあるが、市の北半分に位置するこの西谷地区は、未だに市街化調整区域という都市近在では珍しい田園的な風景が残っている。ところどころ茅葺き民家も残り、照葉樹林の里山が続く懐かしい風景に心が和む。現当主の森脇氏はこの地の旧家を継ぐ方であるが、アメリカへの留学や東京勤務も経験され、現代的なセンスをお持ちと聞く。建物の配置は、東斜面の敷地に沿ってほぼ南北に付屋が建つ。

この他、旧道沿いに蔵と細長い納屋が建ち、南側奥に昭和戦前期に建て増された2階建ての和風の離れが建つ。これらがやや軒を接して建っていたため、改修にあたっては母屋を曳家、回転して納屋に平行するように変えられている。

改修は3段階で行われている。まず最初に納屋を改修し、母屋の改修の間の仮住まいとする。その次に母屋の改修で和室が板の間になるため、和室の離れを先に新築。そして最後に母屋を曳家・改修して現在の姿となっている。

母屋は当初茅葺きであったが、設計者の澤氏に聞くと、材料と職人の不足、今後の維持を考えて天然スレート葺きに変えたという。柔らかなむくりがつけられ、遠目には茅葺き屋根のシルエットが保たれている。軒も10数枚の葺き増しがなされているので、茅葺きの良さにはかなわないものの、よく見かける茅の上に鉄板を葺いた改修と比べ、はるかに材質感があり成功しているといえる。セメント系の屋根材を用いても可能な技法なので今後の応用も期待できる。また、屋根を変えたことによって、茅の埃っぽさがなくなり、台所を開放し、小屋裏をロフトにすることが可能となっている。民家の土間で見かける小屋裏の光景がここに残っている。

間取りは、当初典型的な4間取り、妻入り民家であったと考えられるが、すでにこの改修前から土間が居室、水まわりに充てられ、4面に庇を出すなどの改造がなされていたという。今回の改修にあたっては、施主の希望により、あまり復古的な方向でなく、現在の生活に合うように変えることと、本物の素材を使うことが要望としてあったと聞く。

改修案は、広がった庇下の面積をそのまま取り込みながら、台所を間取りの真ん中にもってきている。これも施主のアイデアと聞くが、家事を捉えなおし、民家を積極的に継承していくための策であったと考えられる。

全体として、土間がないことと間取りが多少変更されているため、4間取り民家そのものとはいえないが、現代的な感覚と歴史を経たすまいがもつ佇まいがバランスしているといえそうである。すべて天然の素材にこだわり、細部も伝統的な手法でまとめられているので、民家のもつ懐かしさや味わいといったものが十分感知される。

伝統を引き継ぐ方法

伝統を引き継ぐ方法はひとつとは限らない。この森脇邸の場合、母屋をもう少し復元的に、つまり元に戻すような発想もあったと思われる。その分手当てできなくなる現代的な生活機能を離れに置くというのも文化財などでよくみかける方法である。しかし、日常の場を移すと、どうしても本来の生活感は薄らぎ、やがて飾り物になってしまう恐れもある。歴史を専門としているからといって、私自身あまりそうした方向を好ましいとは思わない。あくまで使い続けていくことが重要であり、それが民家の生命でもあると思う。この森脇邸は、その意味では住み続けていくという視点を失っていない好例である。

設計者の澤良雄氏（アトリエサワ主宰）は兵庫県で先駆的に試みられている、地域遺産を守る建築家養成講座を中心的に担っている建築家であり、日本の伝統の継承を実践的にご自身の設計活動のテーマとされている方である。この他にも多数の改修設計があるが、紹介しきれないのが残念である。

M 旧道から改修された納屋と母屋をのぞむ

宝塚・玉瀬の家（旧森脇邸）

所在地	兵庫県宝塚市
家族構成	夫婦＋子ども3人
設計	澤 良雄／アトリエサワ
構造	大橋構造設計事務所
施工	棟梁：岡本義男、左官：岡本幸雄、曳家：佐伯組、屋根：瓦寅工業、板金：内上板金工作所、石：喜多石材、建具：滝本建具
竣工	2002年5月
構造規模	母屋：木造平屋建、離れ：木造平屋建、納屋：木造2階建
面積	敷地面積　1983.44m^2 建築面積　母屋：150.47m^2、離れ：66.90m^2、納屋：51.34m^2 延床面積　母屋：144.43m^2、離れ：57.30m^2、納屋：70.80m^2（1階：47.05m^2、2階：23.75m^2）
建蔽率	17.0%
容積率	7.2%
地域地区	市街化調整区域
［主な外部仕上げ］	
屋根	母屋：天然スレート葺き（主屋）、ガルバリウム鋼板一文字葺き（下屋）、銅板一文字葺き（寄付き、渡り） 離れ：桟瓦葺き（主屋）、銅板一文字葺き（下屋） 納屋：桟瓦葺き銅板一文字葺き（下屋）
壁	漆喰塗り、焼杉板張り
建具	木製建具、ペアガラス
［主な内部仕上げ］	
天井	母屋：杉板張り、いぶし竹（玄関）　離れ：棹縁天井 納屋：杉板張り
壁	母屋：漆喰張り　離れ：聚楽塗り　納屋：漆喰塗り
床	母屋：カラ松縁甲板　離れ：畳、桧縁甲板張り　納屋：リュウキュウ畳、カラ松縁甲板

A［考忠邸］長屋（右）と再生された母屋（左）。
両者は切り離されて互いの存在感を増している。
とりわけ、母屋の丸窓が印象的である。
しかし母屋の多様な開口は、
どれも奥行感のあるディテールをもち、
農家建築の力強さが現代的に解釈されている

B［恒見邸］ごく一般的な町屋の
小屋組を露出した母屋2階の寝室。
もち上がりは1階の
居間の天井を高くしているところ

考忠邸（2001年）／恒見邸（1999年）

楢村 徹

建築の履歴、あるいは人生の履歴

考忠邸（江戸時代後期移設）／旧大川邸（江戸時代前期）

C［考忠邸］土壁の貫入する母屋の
玄関へのアプローチ。深い軒の出が構造的な美しさを
際立たせて、右方の居間とつながっている

D［恒見邸］恒見邸は前面4m道路の美観地区内にあり、再生前のファサードを尊重することで、周囲と違和感のない町並みを形成している

E［恒見邸］主屋食堂（右）と寝室の離れ（左）を結ぶ廊下と中庭のデッキ。中央に鎮座する鉢は住まいの主である恒見澄子氏の伊豆生活の記憶

古民家の再生を通して現代、未来への継続を考える

楢村 徹 NARAMURA Toru
❖
倉敷建築工房 楢村徹設計室

町屋と農家の再生、このふたつの工事において技術的に苦労した点を挙げると、町屋である恒見邸では調査段階で隣家との隙間がなく、外から壁や柱の足元の傷み具合を確認することはできなかった。さらに既存の柱や梁を化粧板で覆ってあり、その状況確認が不可能であったのである。そのような場合は多々あるが、経験的に想定をして設計をせざるを得ない。また街中で道路の狭さもあり、部分解体の工事において、騒音・煤塵はもとより、その搬出には建物内にベルトコンベアーを設置し、小型トラックによる小運搬を余儀なくされた。

一方、農家である孝忠邸では周辺より低くなった地盤を上げる必要があり、建物をリフトアップし、隣地の田んぼに曳き家する見積りをしたが予算に合わず、思い切って骨組だけに近い状態にした建物の足元を固定して、クレーンで吊り、田んぼに移設した。工事中に田んぼのなかに骨組だけの家がある光景は、ユーモラスでもあり、近所の噂となり、少し恥ずかしさもあった。

特に田舎で再生をしていると、近所の世話やきが施主に設計屋に騙されているのだと忠告をしてくる。要するに村八分の状態になることを覚悟せねばならない。しかし完成すると、羨ましがられ、ぜひ設計者を紹介してくれと180度態度が変わるのが常である。また施工上においては構造材の傷み具合でどこまで残すかも重要な判断となる。先に構造ありきの民家ゆえ、その魅力をどう生かすかが、設計の需要な要素として問われるのである。

[考忠邸] 農家の母屋ではあったが、構造的には細いものが多く、中心部の構造のみを生かして再生することになった。工事の時期も農閑期にあたり、構造体の足元を鉄骨で固定し、そのままの状態で隣地の田地にクレーンで移動しておいて基礎をつくり、そのまま元の位置に戻すという特異な方法をとった。再生の場合に通常は構造体の全体の狂いを修正するには壁土を撤去し行うが、基礎の工事を簡易にするため、構造体が納屋などのように単純で軽いものの場合などは解体して組み直す場合もある。孝忠邸の工事のような方法はあくまでも特殊な方法である。(写真提供:倉敷建築工房 楢村徹設計室)

H [恒見邸] 再生された各棟の屋根が伝建地区の風景に溶け込む

I

[恒見邸] 伝建地区の中心部に位置し、隣家と密集した状況と前面道路の狭さ(4m)から、内部の部分解体の作業は困難を極め、ベルトコンベヤーを現場に設置し、解体材を搬出する状況であった。また隣家と接する壁の足元まわりの湿気による腐食に対して、ジャッキアップをして土台を挿入し、柱の足元が腐食しているものは「根継ぎ」を施し対応した[I:施工前、J:再生後]。また、再生前の呉服屋の店舗としての広さを確保するためにもとの柱を撤去し、梁からボルトで吊るという状況であり、ポイントに柱を新しくジャッキアップして挿入し歪みを修正している。(写真提供:倉敷建築工房 楢村徹設計室)

J

K ［考忠邸］土間空間の居間への再生。
不規則な小屋組の露出と漆喰の塗回しの対比

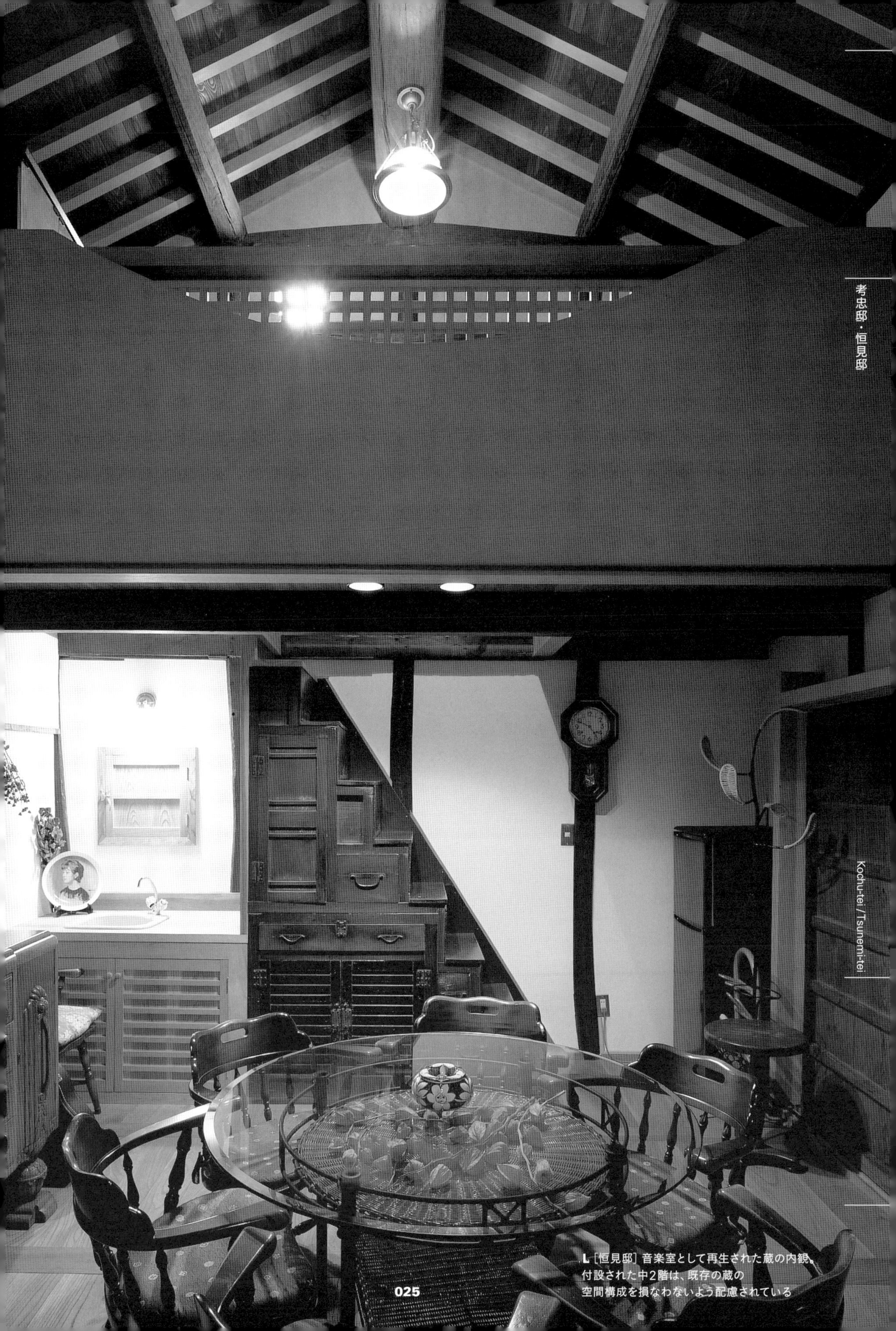

L［恒見邸］音楽室として再生された蔵の内観。
付設された中2階は、既存の蔵の
空間構成を損なわないよう配慮されている

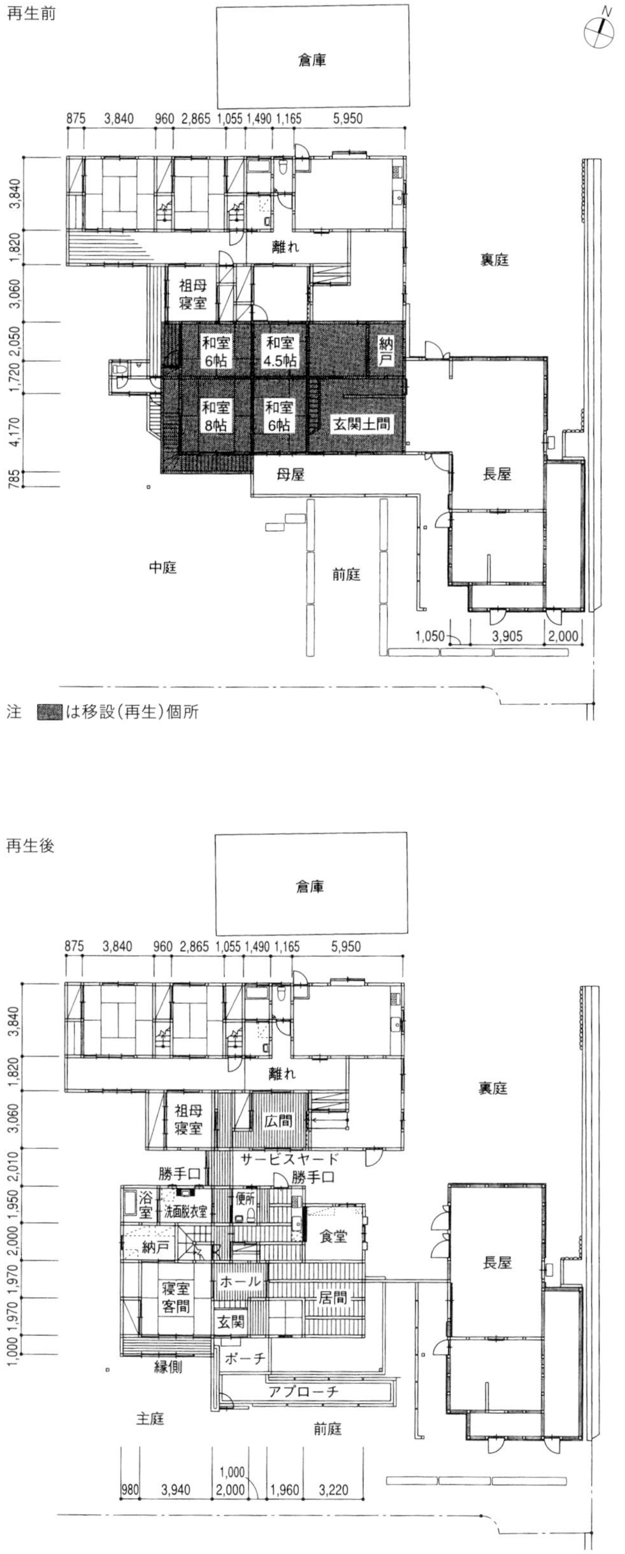
再生前
倉庫
875 3,840 960 2,865 1,055 1,490 1,165 5,950
3,840
1,820
3,060
2,050
1,720
4,170
785
離れ
裏庭
祖母寝室
和室6帖
和室4.5帖
納戸
和室8帖
和室6帖
玄関土間
母屋
長屋
中庭
前庭
1,050 3,905 2,000
注 ■は移設(再生)個所
再生後
倉庫
875 3,840 960 2,865 1,055 1,490 1,165 5,950
3,840
1,820
3,060
2,010
1,950
2,000
1,970
1,970
1,000
離れ
裏庭
祖母寝室
広間
サービスヤード
勝手口
勝手口
浴室
洗面脱衣室
便所
食堂
納戸
長屋
ホール
寝室客間
居間
玄関
ポーチ
縁側
アプローチ
主庭
前庭
1,000
980 3,940 2,000 1,960 3,220

考忠邸配置図

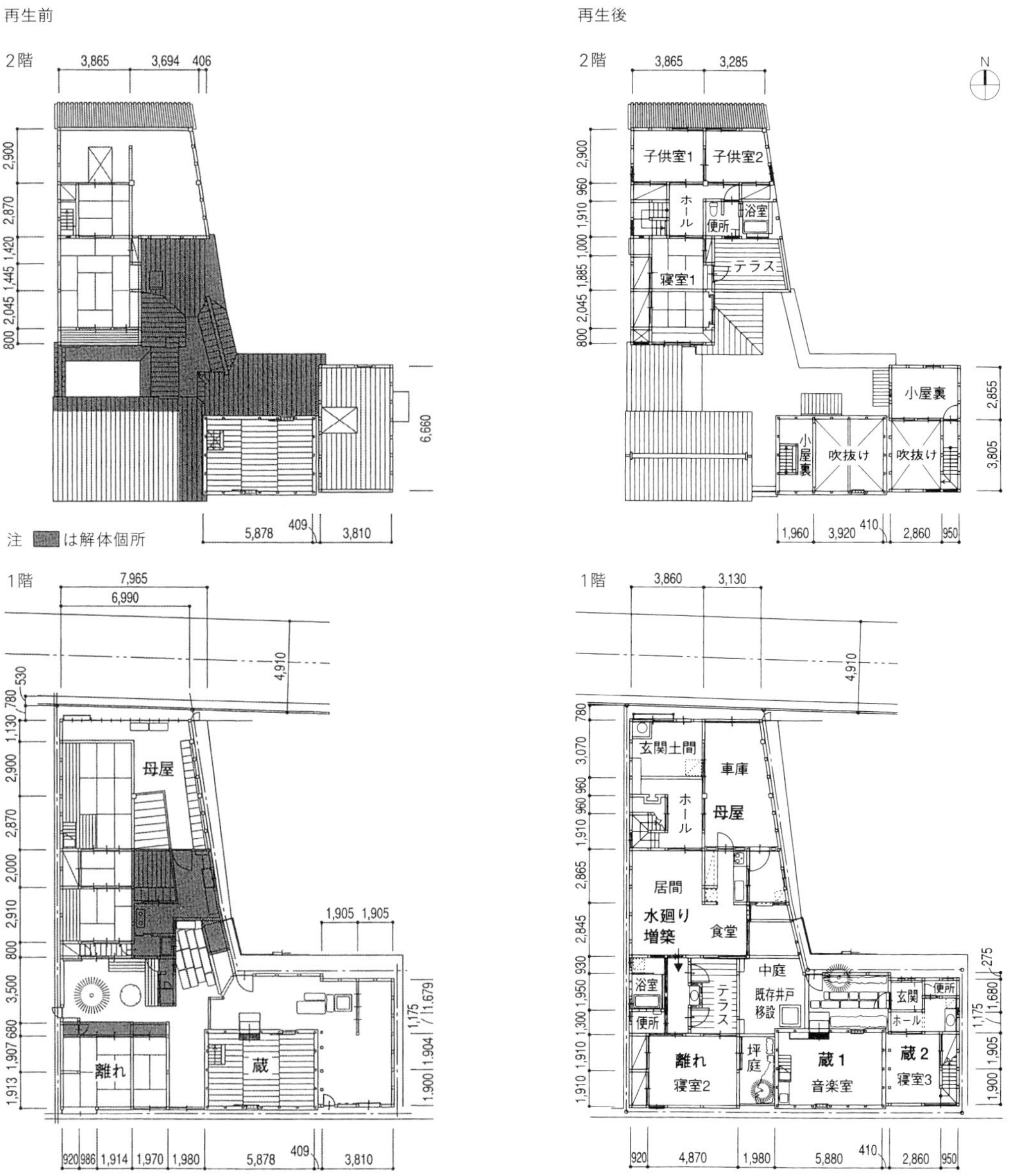

恒見邸平面図

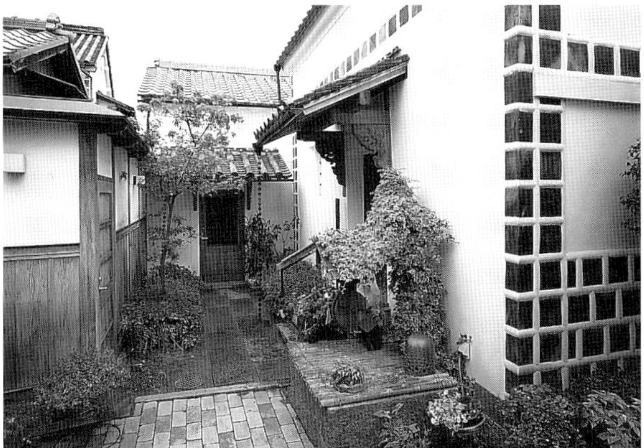

M［恒見邸］音楽室として再生された手前の蔵と寝室として再生された奥の納屋。庇の瓦と通りの石張りは再生前のものを再利用、井戸は奥にあったものを移設している

建築の履歴、あるいは人生の履歴

❖

千代章一郎 SENDAI Shoichiro

現代建築としての古民家

対象が近代以前の古民家であっても、再生の手法が現代的な場合がある。楢村徹の一連の再生建築は、その顕著な例である。岡山県倉敷市の名高い伝統的建造物群保存地区の界隈を歩けば、楢村の手がけた一連の再生古民家が散在し、美観地区の活性化に一役も二役もかっていることがわかる。しかし楢村は、昨今のいわゆる「町並み保存」を「テーマパーク」と見なし、古民家の保存そのものには興味がないと断言する。

方法としての「再生」

楢村は地元倉敷市に拠点を置く。そこでは、どこにでもある伝統的な民家がいとも簡単に廃れ、凡庸な建売住宅に取って代わっていくという地方都市の典型的な現実があった。歴史的価値や環境保全的価値以前に、古民家は倉敷の日常風景を構成していたのであり、楢村にとって古民家は生きられていてこそ価値がある。

それは、かつての天領地、倉敷という歴史的な都市で育った楢村の経歴にもよるだろう。京都と同じように、倉敷には第二次世界大戦時の空襲を免れたためにさまざまな時代の景観が重層し、都市のアイデンティティが形成されてきた。都市は重層的に生きられる。したがって古民家に日本の前近代的な伝統を看取し、それを現代に蘇生することそのものが目的なのではない。過去を蘇らせることと、過去を現代へと繋げることとは異なる。無論、楢村は後者の立場である。

しかしそれは楢村の場合、たとえば歴史的建造物に挿入されたガラスのボリュームのように、伝統的な建築のボキャブラリーを際立たせるような対比ではなく、土着なものとは相容れないオブジェクトを組み入れて対峙させるような対比の美学がある。一見ポスト・モダン的折衷である。しかし異物は、建築家によって普遍的価値をもつボキャブラリーとして再解釈されたものである。それ故、楢村の建築に「対比」という建築再生手法の常套句は適切ではないかもしれない。むしろ、古民家という「型」において展開される数寄屋の手法である。一見「復元」だが、見方によっては「新生」である。

それゆえ、楢村は歴史的な建築を保存するための職人育成や環境保全にもあまり関心をもたない。倉敷という場所に固有のポテンシャルを創造的に建築にすることこそが課題であり、その方法として古民家の再生が選択肢として有効であった。場所への感性と愛着が、この建築家を古民家の再生に向かわせたのである。

「考忠邸」農家の再生

考忠《こうちゅう》邸は、江戸時代後期の干拓地の農村地帯にあり、倉敷市の旧市街地周辺に位置する[A]。考忠家も近隣の世帯同様、兼業農家であり、敷地の周りには広大な田園地帯が広がっている。すでにリタイアした考忠稔右氏は、江戸時代後期に移設されたらしい母屋に傾くまで住み、いずれは解体するつもりでいた。ところが、息子夫婦が敷地内の田圃の一部を潰して住宅を建設し、移り住むことを考えた。新築の相談を受けた楢村は、しかし逆に母屋の再生を提案する。息子夫婦はヨーロッパの田舎家風の住宅を思い描いていたが、楢村の再生建築にも魅力を感じて設計を依頼することにした。

考忠邸の再生の場合、母屋をクレーンで吊り上げて田圃のなかにいったん移動させて基礎が打たれた[F、G]。そしてその母屋を元の位置より前面にずらし、

N［考忠邸］居間の内観。
柱梁の構成、壁の塗回しや
ニッチ、採光など
古民家の型に多様なデザインが
展開されている

増築部分や長屋と切り離すことで風通しを確保すると同時に、軒の深い母屋の建築としての存在感が増している［C］。

母屋は典型的な田の字型プランであるが、座敷の間は造作がしっかりとしていることと、地域の寄合いに必要なため、できる限り忠実に修繕・再現されている。一方、土間の吹抜け部分は床を張って食堂・居間とし［K、N］、取次部分を玄関としている［O］。再生は構造的な制限が空間の性格を規定する場合が多いが、古民家の軸組は元来空間的に自由度が高く、補強材を用いることによって、平面的にも立面的にも多様な空間表現を許容することをこの再生建築は示している。

無論、中国地方の温暖な気候風土が、より大胆で自由な吹抜け空間の演出を可能にしていることも事実である。母屋はもともと茅葺き屋根で、存在感のある大断面の大梁が通っているわけではないが、居間に露出する継ぎ足された不規則な黒い梁と漆喰で塗り回した白壁の「対比」の空間構成は、抽象的でありながら複雑な表情を見せ、民芸調であることを逃れている。しかし、若夫人の趣味の反映された食堂部分の仕上げや吹抜けの照明の具象性は、この空間の抽象的構成美とは異質である。ところが、楢村は住み手の趣味を受け入れる。現代的に再利用されていることを重要視しているためであるが、夫人は自分の好みとは異なる楢村の空間も、いまやお気に入りである。

お気に入りなのは若夫婦だけではない。母屋で生まれ育った考忠氏もまた、再生の過程で、この母屋

O［考忠邸］再生前は取次の間であった和室6畳の玄関への再生。
農家のコミュニティにおいて玄関は今でも重要な位置を占める

P［恒見邸］寝室として再生された蔵の内観。
隣接する蔵（音楽室）のなまこ壁をそのまま利用している

Q［恒見邸］古材と新材による玄関の空間構成。接客空間として機能し、「倉敷緞通」の敷かれた玄関から奥の居間へと続く

R［恒見邸］梁を露出した母屋1階の居間。
左方でくつろいでおられる恒見澄子氏が客人を迎え入れる

をぜひ残したいと思うようになり、いずれ隣の長屋倉庫にも手を入れたいと考えている。はじめは周りから「こんなものを改修して不経済だ」と咎められたそうだが、今や訪ねる人々の大部分が羨ましがるという。それにも増して、考忠氏は自分の生まれ育った環境の記憶が残る母屋を、若夫婦が住みこなしていく姿を嬉しく感じている。こんなところにも楢村の仕掛けが見え隠れしている。

「恒見邸」町屋の再生

一方、倉敷市の美観地区内にある恒見《つねみ》邸は、由緒ある割烹旅館・吉井旅館の経営者一家の三世帯住居であり、吉井旅館の斜め向かいに建っている。呉服屋を営んでいた江戸時代前期の町屋の空き家を買い取ったものであり、以前から吉井旅館の修復を手がけてきた楢村が建物を診断し、女将の姉、恒見澄子氏の住居として再生することになった。恒見氏自身はご主人を亡くした後伊豆に住んでいた。病院の近さなど生活に不満はなかったが、親近者と接する生活を思い、倉敷に戻ることにした。彼女の希望は客人をもてなす広い玄関とバリアフリー対策を施した寝室および水まわりであった。

建築物の再生は常に程度の問題がある。とくに古民家の場合、建築物の状態、施主の希望や予算に大きく左右される。空き家となっていた物件は、解体してみると小火の跡などもあり、決して状態はよくなかったが、補強材を入れることで対応可能で、大きな設計変更はなかった。コンクリートの基礎が打たれ、屋根はすべて葺き替えられているが、通りに対しては、美観地区という性格上、現状をできる限り維持した控えめな外観を保ち、店の土間部分を車庫とし、残りの玄関ホールにゆとりのある接客空間が確保されている［D、Q］。

再生の大きなポイントは中庭である［E、M］。再生前の中庭は継ぎ足された下屋によって薄暗く閉鎖的であったが、それらは取り壊されて、中庭が形成された。2階に娘夫婦の寝室［B］をもつ居間のある主屋、恒見氏の寝室である離れ、蔵を改装した音楽室［L］、その奥の納屋を改装した女将の寝室［P］の再生建築群によって構成される中庭の中心部分には、備前の業者から取り寄せた古い耐火レンガが敷き詰められ、決して広くはないが非常に明るく開放的な空間が演出されている。楢村は中庭空間に石張りや炭入りコンクリートなどを用いて古民家と融和する仕上げを試みることも多いが、ここではそうはしなかった。再生建築にありがちな、いわゆる「和風」な雰囲気はなく、むしろ地中海地方のパティオのようでもあり、中庭を構成する蔵の壁がある種の普遍性を帯びている。

しかし、それ以上に重要なことは、ここが恒見氏の「場所」となっていることである。恒見氏の寝室からはこの中庭がよく見える。彼女は時折、伊豆の海岸風景を思い出して寂しくなるというが、伊豆からもち込んだ大きな鉢のあるこの中庭には、縁故の倉敷人たちが訪れ、恒見氏はここで生き生きと暮らしている。生活の大半をこの中庭とともに暮らす恒見氏の華のような笑顔を拝見していると、もはや和洋折衷の様式論ではこの中庭は語れない。この中庭には、彼女の人生が今も刷り込まれ続けている。

「古民家再生工房」という組織

楢村は「古民家再生工房」の一員としても言及されることが多い。設計集団のようだが、共同で手がけた設計はコミュニティセンターとして再生された「いかしの舎」(1992年)1件のみであり、それが最初で最後だという。彼らが共同でしていることといえば、各々の手がける古民家の再生をほかのメンバーにオープンにしていることである。再生プログラムの設定からディテールの設計に至るまで、お互いに批評し合い、改善策を自らの作品にとり入れることも厭わない。古民家の再生にはさまざまな技術的なノウハウが必要とされるが、「古民家再生工房」というコラボレーション形態が存在することで、極めて質の高い技術が確立されていることは、いくつかの作品を見ればすぐわかることである。言ってみれば、オープンソフトのバージョンアップを6人のメンバーでしているようなものである。理念としてはあり得ても、ここまで完全なオープンシステムを実現することは決してたやすいことではない。もっともそれは、楢村に言わせれば倉敷人の気質なのであって、特別なことではないらしい。楢村が倉敷という地方的な時間のなかで設計を続けることの意味は、ここにもあろう。

ともあれ、ある意味では極めて現代的な体制と方法論において建築を設計した挙げ句、出来上がったものは一見古民家風である。しかしそこには、建築の空間をいかにして人生と関連させるのかという根本的な問いがある。建築は元来その場所でその固有の生命を営む。人生において家系を抹消できないように、建築の空間もまた生き続けられ、何よりそこに住まう人の新たな履歴が積み重ねられなければならないのである。人間存在の根拠が不確実な現代社会において、楢村の手がける「古民家」には、極めて今日的な建築のテーマが隠されている。

考忠邸

再生前	
建物名	考忠邸
所在地	岡山市曽根
建築主	—
設計	不明
竣工	江戸時代後期移設(推定)
規模	延床面積　1階:247.42m^2　2階:63.82m^2

再生後	
建物名	考忠邸
所在地	同上
建築主	考忠稔右
設計	楢村 徹
竣工	2001年
規模	延床面積　1階:253.32m^2　2階:89.76m^2
再生工事費用	2,370万円

恒見邸

再生前	
建物名	大川邸
所在地	倉敷市本町
建築主	—
設計	不明
竣工	江戸時代前期(推定)
規模	延床面積　1階:145.50m^2　2階:88.61m^2

再生後	
建物名	恒見邸
所在地	同上
建築主	恒見澄子
設計	楢村 徹
竣工	1999年
規模	延床面積　1階:179.77m^2　2階:88.61m^2
再生工事費用	5,000万円

丈六の家（2002年）／日和佐の家（2004年）石井重松の家（2006年）

新居建築研究所

時間を大地の風景にする方法

丈六の家（1981年）／日和佐の家（1930年）石井重松の家（1924年）

A［石井重松の家］改修した納屋。旧納屋棟の広間。
軸組は虫喰いや腐っているもののみを除き既存の材を生かし、
土壁は適所に補強が施され、壁倍率のバランスを考え、
外壁は構造用合板を用いて補強されている。
コスト的に厳しい設計であったが、木組や床を優先して
天然乾燥杉材が用いられ、新設の間仕切り類には
プラスターボードとしてコスト配分がなされている。
写真Mのように、新材で補強した箇所は古色仕上げとはせず、
天然乾燥ならではの美しさが生かされている。
1926年に建てられた納屋の小屋組は、
和小屋と、丸太を半割にしてクロスさせた扠首組が
交互に並ぶ珍しい形式である。柱はすべて半間ピッチで立てられ、
胴差はなかった。「日和佐の家」とともに
材料はすべて地域素材で、古材や端材も駆使しており
機械道具は少なく材は直線材ではなかった。
木材が高価な時代、いかに材を無駄なく使おうとしたか、
大工の創意工夫が見てとれる

B［丈六の家］広間から敷地南東面を見通す。既存部分を木軸のフレームが囲む構成。既存建物については、新建材による仕上げを撤去、自然の材料を中心に構成されている。構造も細い材が金物で接合され脆弱であったため、針葉樹合板とプラスターボードを二重張りとして、剛性を確保。この固めた既存部に対し、増築部は貫構法を応用し、120×210mmの平角柱に貫を通す形で柔らかいフレームによって形成されている。家具以外については、地元那賀川流域上流の山の木頭杉葉枯らし乾燥材を使用。当初は和風の庭は手を入れない予定であったが、設計のプロセスで、建主は緑につつまれ外へと連続していく住まいを望むようになり、ケヤキの木立を植え、前庭には生活排水を浄化したせせらぎと地元の土や石、砂利を入れたビオトープが配されている

C［日和佐の家］2階居間・食堂。かつての構造を尊重し、古材は水洗いしただけで、墨付けの跡もそのままに残されている。補強で入れた新材もまた古色仕上げではなく、素地のままである。この広間に隣接してふたつのアルコーブ的な子ども室がある。子ども室側のフラッシュ戸と階段通路側の障子、これらを全部開放すると、中庭と周りの家並みが一体となった大きな広間空間になる

時を映す庶民住宅を地域の住環境に再構築する試み

新居照和 NII Terukazu
❖
新居建築研究所

「丈六の家」は、洋風のリビングダイニングと和室や和風の玄関、瓦屋根などが混在する典型的な現代の住宅であった。食事や日常空間が裏（北）側に位置し、表と裏をもつ格式性や家父長制の構造も反映していた。壁、天井、床は新建材と石油系塗料で包まれていた。玄関先の軒の化粧垂木は伝統的に見えても、和室以外構造材は全て隠され、輸入材の細い柱や梁、小屋組で、不合理に取り付けられた筋違や金物を使い安直に組み立てられていた。生活空間は、モノの豊富さと引き換えに、職人の技術や手間をかけず、地域環境とは関係なく、全てが何かに似せた材料を安易にまとわせた、大地から切り離された表面的な擬似空間に変わってきたといえる。

戦前に建てられた「日和佐の家」「石井重松の家」は、1946年の昭和南海地震（M8.0）に遭遇している。傷み具合は異なったが、基礎石に柱を立て、曲がりくねった大梁、貫と土壁で組まれた本体は、75年以上経ても凛々しく建っていた。母屋や小屋組の木材は細い丸太が使われ、柱の位置までの直線上になかった。即興的に見えるほどの大工の手仕事、汗と技、材料の見立てによって組まれていた。表層部を解体していくと、柱梁の接合部はしっかりしていて、一方土壁の中心に亀裂が入っているのに気付かされた。大きな地震力をまず土壁で吸収し、柱梁の長柄・込栓や貫と楔による木材のめりこみを生かし、足固めされた柱が基礎石に載り、篭のように架構全体でしなやかに受け止める柔構造であることが想像できた。自然素材で包まれる空気環境の快適さだけではなく、長寿命の仕組み、地域の知恵と汗や自然環境の循環性など、次世代へ引き継ぐ可能性と捉えた。

再生計画は、土地の魅力を掘り起こし、地域へと意識が拡げられ、周辺の自然と生活者の繋がり（関係性）をどう生き生きと再生させるかが課題となった。その土地で暮らす喜びを身体で受け、暮らしの場を新鮮な目で見つめられる空間が、建築の役割だと考えた。それは例えば「丈六の家」のように、大樹の下で生き物を含めた暮らしの空間が展開するイメージである。

丈六の家

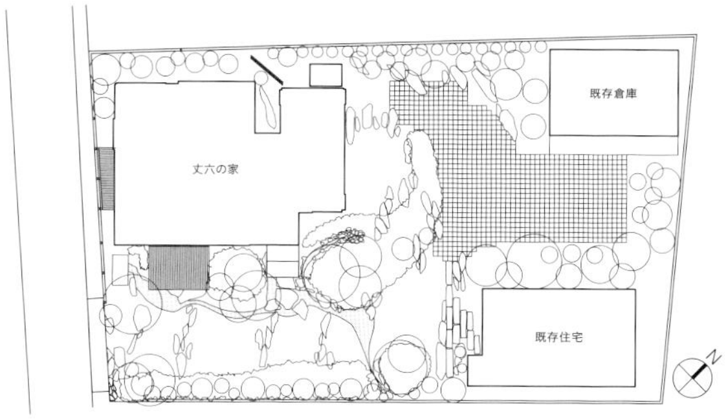

再生後配置図(S＝1:600)

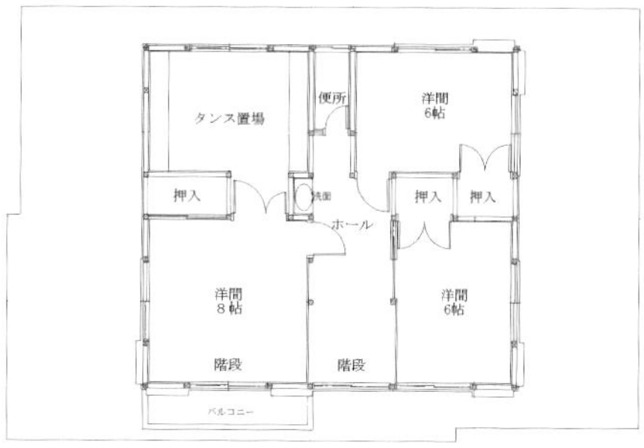

再生前2階平面図(S＝1:250)

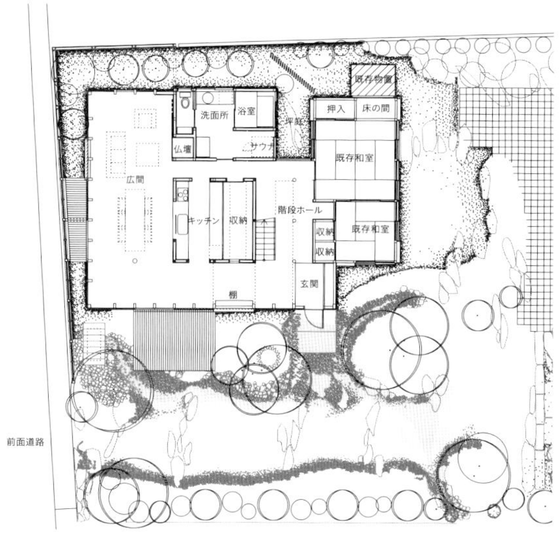

再生後1階平面図(S＝1:300)

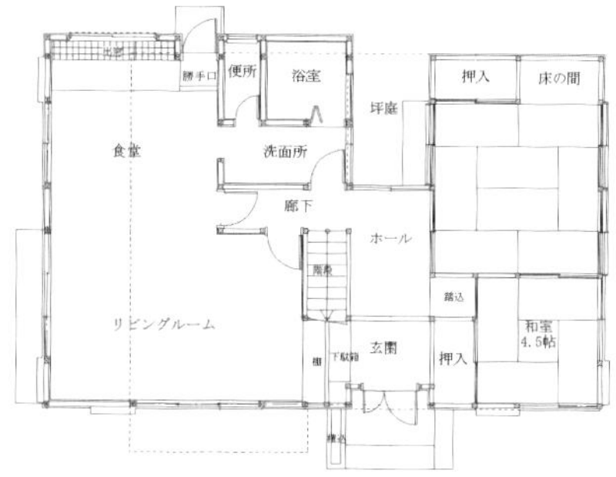

再生前1階平面図(S＝1:250)

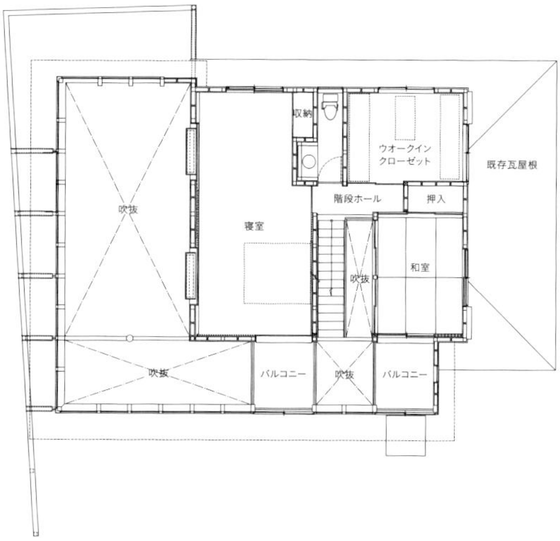

再生後2階平面図(S＝1:250)

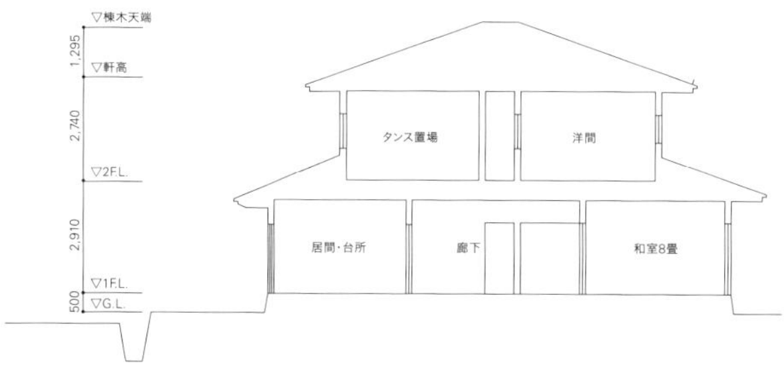

再生前断面図(S＝1:250)

再生後断面図(S＝1:250)

［丈六の家］アイソメ図

D［丈六の家］2階寝室から外をみる。ガラスの鞘堂のような開放的な空間の奥には、既存住宅を改修した落ち着きある寝室が設けられている。いわば、この住宅の核となる空間であり、外へ連なる風景とともに生活が営まれる。改修前の壁体内部は荒壁であったが、張り巡らされていた新建材により密閉され、土や木材の調湿機能は生かされていなかった。改修では全てを撤去し、天然乾燥の杉板敷き、天井・壁は和紙クロス貼りとしている

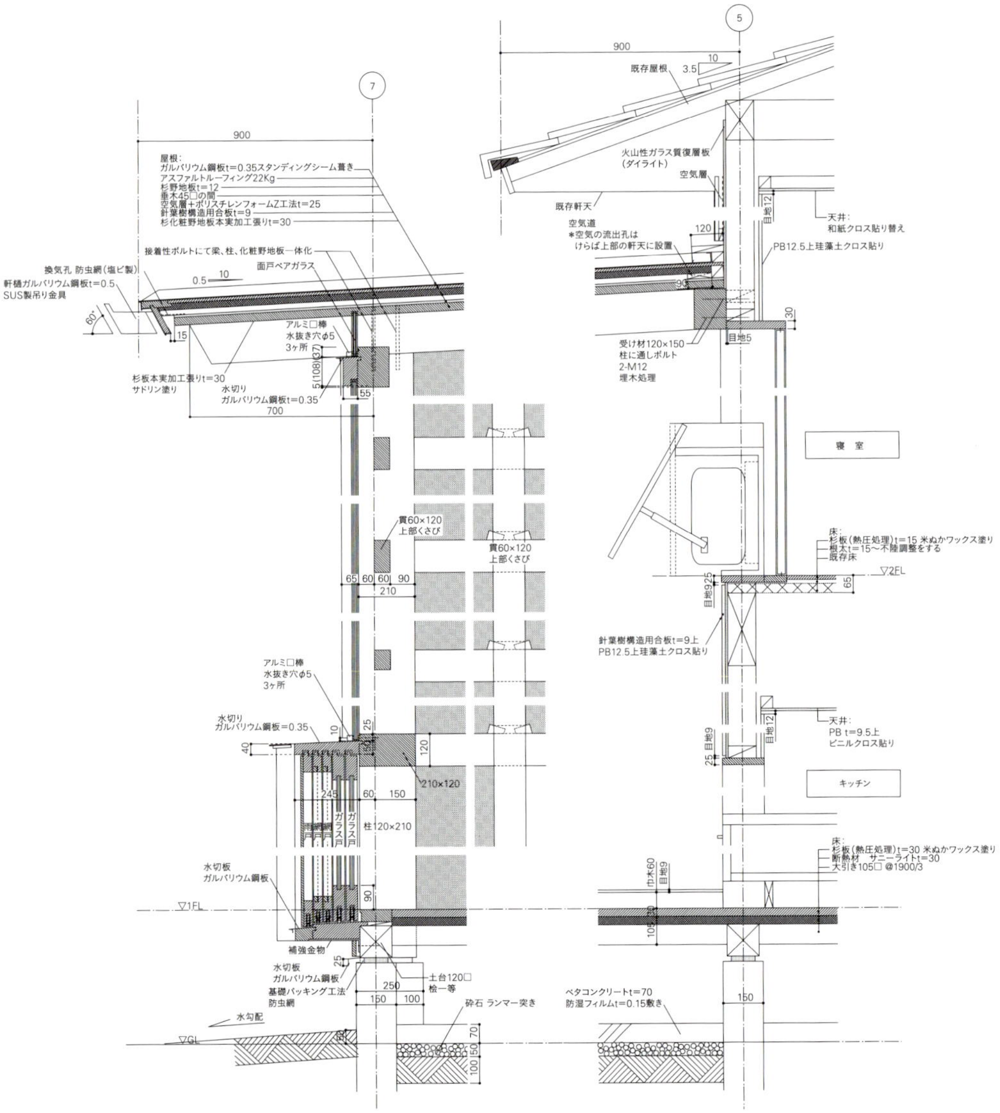

［丈六の家］再生後壁面増築部詳細図

丈六の家
大樹の下で、地域の風景と一体となって暮らす

補強した家屋を、地場杉で木軸フレームを組んだ大きな縁側空間が包む。冷える北側にDK部分が位置し、家族の生活空間より接客空間が重視される家父長制の格式型が残る住まいを、明るく開放的にする必要があった。旧家屋に対して、内部でもなく外部でもないような開放された緩衝空間を増築し、住まいの公的空間の中心にした。

増築部は、120×210の平角柱を林立させ、貫と水平梁で籠のように組んだ柔らかい構造で、既存部を囲む広間空間をつくった。入れ子になった既存部は、柱や筋違を加え、構造用合板で堅固にし、1階は台所を中心とするサービス空間に、2階は包まれた寝室空間に構成した。2階に内部バルコニーを2ヵ所設け、木軸フレームを支えると同時に空間ボリュームのバリエーションを持たせた。

住居の時間の連続性を切らずに、田園環境と一体となって、大樹の下で暮らしを育む空間的価値を生む再生を試みた。

F［丈六の家］1981年に建てられた和洋折衷住宅の再生。田んぼと工場が混在する郊外の風景。建て替えも可能であったが、コストと質、解体に伴うゴミの問題を考慮して、改修となった。当初は、明るいキッチンに再生する小規模な計画であったが、設計のプロセスで、緑に包み込まれ里山や田畑と調和する、魅力的な風景創造を意識した再生となっていった

E［丈六の家］再生前。地元の大工によって建てられた住宅。伝統的な架構が部分的に使われながらも大部分は大壁で細い輸入材が安直に、また一部不合理に組み上げられ、仕上げのほとんどは新建材であった
（写真提供：新居建築研究所）

日 和 佐 の 家

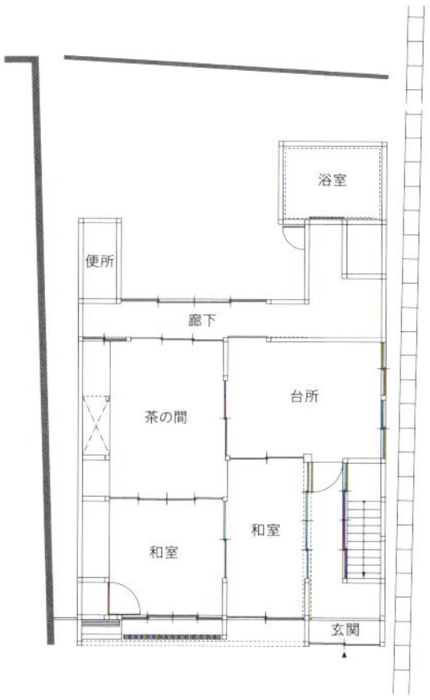

再生前1階平面図
（S＝1:300）

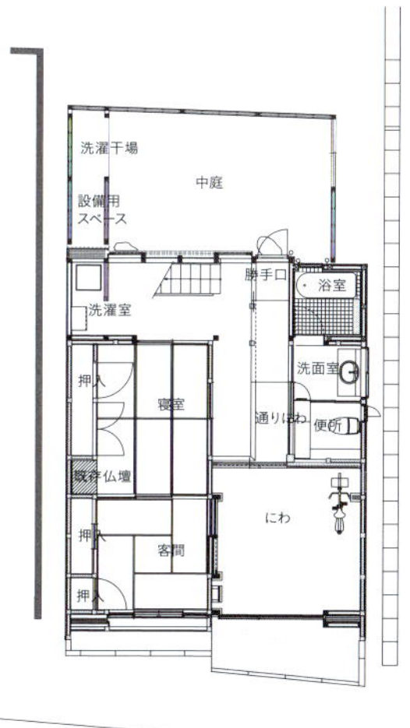

再生後1階平面図
（S＝1:300）

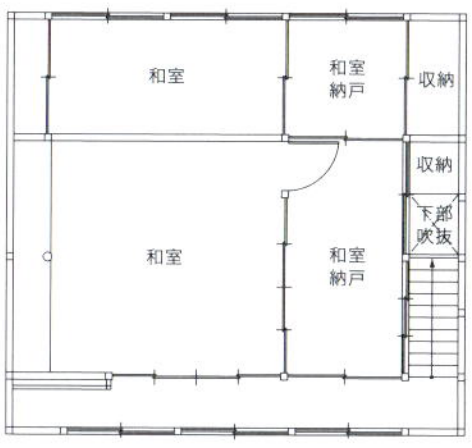

再生前2階平面図（S＝1:250）

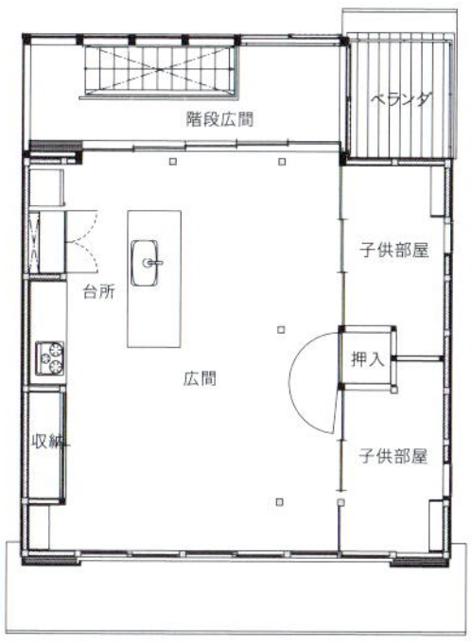

再生後2階平面図（S＝1:250）

日和佐の家
漁港の町並みを継承する開放的な町屋に再生

漁師町として栄えた町並みが残る故郷に住み続けたいと、過疎化する日和佐に戻り、祖先がつくった町屋を若い夫婦が再生した。幼い子どもの緊急時の備えに建物内に車庫を設けたが、街路に面した表情はできる限り原型に戻す。車庫の土間から、ビオトープの池と樹木を植えた裏庭まで通り庭で繋げた。町に張り巡らされた細い路地には、この裏庭から出入りができるようにして、奥行きのある街路空間になることに努めた。修繕を繰り返し新建材で包んできた住宅を、地場杉で補強し木組み架構を現した居室構成にした。一階に静的な和室・寝室と水まわり空間を配置し、小屋組が現れた2階は見晴らしと開放感を持った子ども室のある広間空間に替えた。裏庭に大きく開いた階段広間を増築することで、1・2階の居住空間を一体的に繋ぐことできた。幅広の杉厚板で屋根や床の水平剛性を高め、床下は足固めを施し、壁は過去の大地震でひび割れた土壁を補修し、すべて貫と木舞の土壁にして漆喰塗りにした。歴史的町並みを維持し、自然素材でつくった健康的な都市住宅への再生を試みた。

G [日和佐の家] 再生前。初代の建主の手を離れた後、借家として使われていた。今回の改修は、故郷の町に住みたいとUターンで戻ってきた建主の玄孫が、崩れゆく町並みを憂えていたことに端を発す（写真提供：新居建築研究所）

H [日和佐の家] 1930年に建てられた漁師町の民家の再生。遠洋漁業で栄えた町に建つ町屋。住人は次第に減ってきているが、町の至るところに、写真のような細い路地が通り、心地よい風が吹き抜け、子どもやお年寄りが安心して通れる場所となっている。この町屋は幾度か手を入れられてきたため、今回の改修において、外観はできる限り原型に戻されている

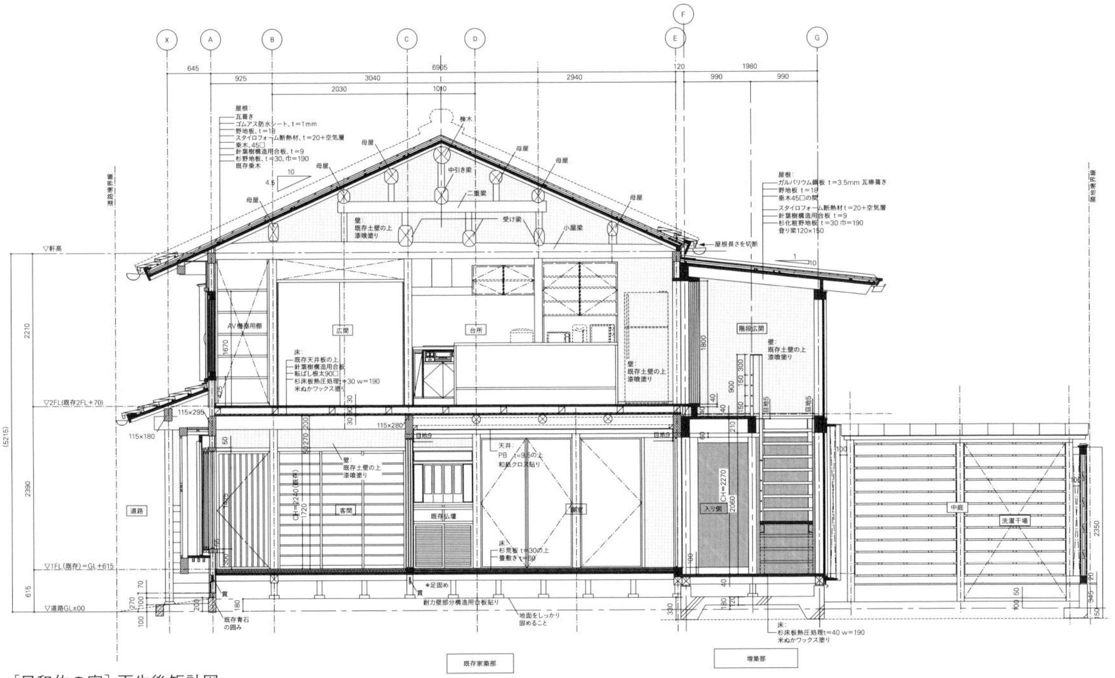

[日和佐の家] 再生後矩計図

I [石井重松の家] 再生前。手前に蔵、奥に「藍寝床」と呼ばれる形式の納屋が建っていたが、農作業にも使われず物置と化していた（写真提供：新居建築研究所）

J [石井重松の家] 1924年に建てられた納屋を二世帯住宅に再生。田んぼが多く残る農村地帯に建つ。手前の蔵（1869年建築）は傷みが激しかったために建て替え、娘夫婦の食空間を2階に配し、奥の納屋は躯体を生かした改修を行い、2世帯で使われる。構造的に、納屋は伝統構法を生かした柔構造、建て替えた棟は剛構造であるため、2棟は連結しているが、各々を独立させている

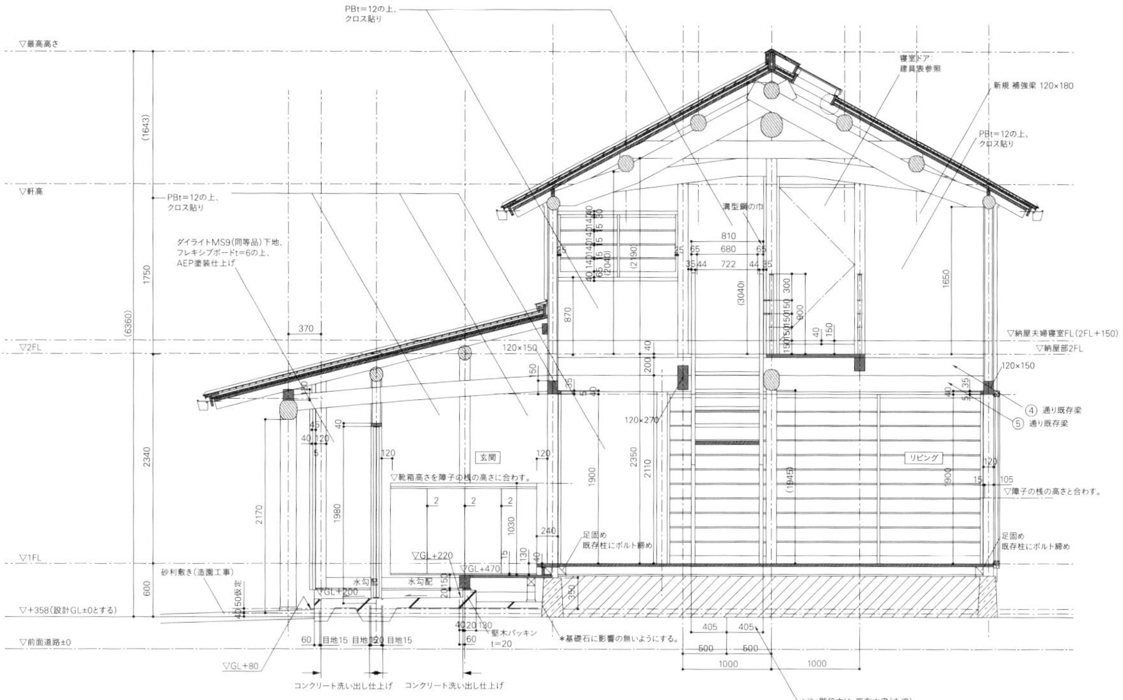

［石井重松の家］展開図

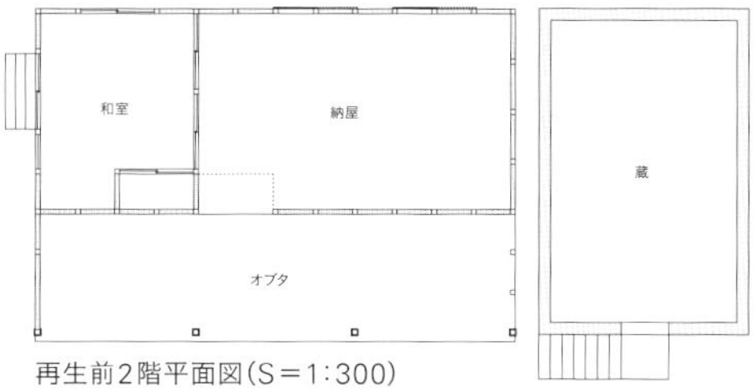

再生前2階平面図(S＝1：300)

石井重松の家

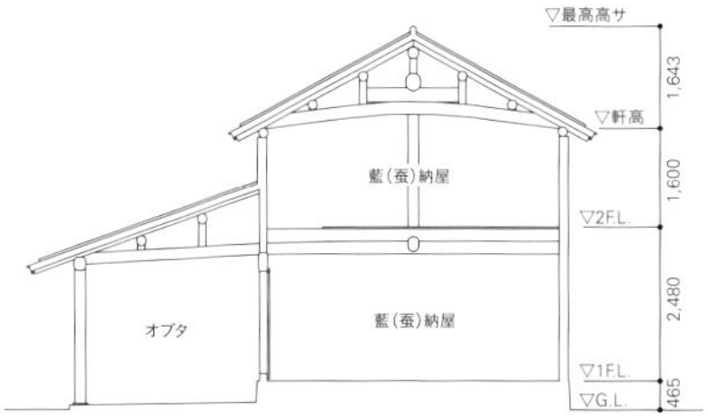

再生前断面図(S＝1：200)

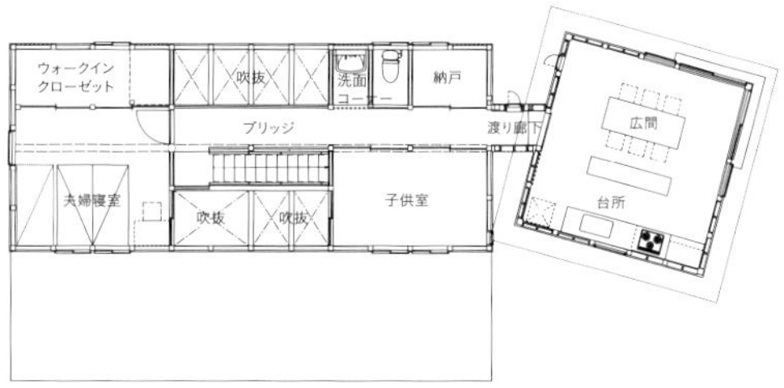

再生後2階平面図(S＝1：300)

石井重松の家
地域独特の納屋の構造を継承する二世帯住宅として再生

江戸から明治にかけて藍の染料づくりに、その後養蚕や稲作に使われてきた吉野川流域の典型的な形式をもつ納屋を生かし、矩形棟を増築して二世帯住宅に再生した。納屋はオブタという広い作業場の下屋をもち、中2階の高さの通し柱が半間ピッチで並ぶ軸組に、二種の小屋組が交互に連続する独特な屋根組を見せていた。この構造に、棟の軸と南北の方向性を意識した居室配置をして、ブリッジで居室を渡し吹抜けの広間空間をつくった。典型的な納屋の構造形式を生かした架構を住まいに現すことで、空間的記憶と木材が語る時間を継承しようとした。納屋の古い壁は土壁で補修したうえで、必要箇所は構造用合板で補強した。外壁は予算上金属にしたが、通気性をもたせた。柱は傷んだ箇所だけ替え、床下は大引き材で軸組の足固めをした。屋根部は二重野地板にして通気・空気層を確保し、杉厚板30×190の化粧野地板を小屋組に打ち付け水平剛性をもたせた。

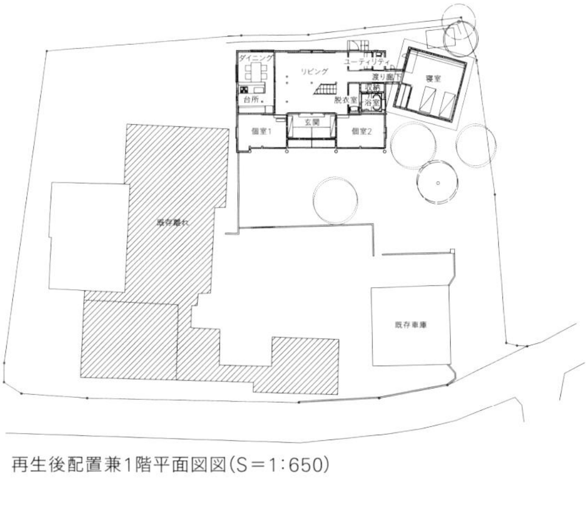

再生後配置兼1階平面図図(S＝1：650)

建築を大地の風景にする

❖

千代章一郎 SENDAI Shoichiro

無名の建築を再生する

新居照和と新居ヴァサンティ両氏が主宰する新居建築研究所は、1990年代半ばから事務所のある徳島を中心として新築の住宅作品を手がけ、地場産の木頭杉やその森林を支える水域の循環を環境共生的な住宅の設計を通して追求してきた。両氏は再生住宅を専門としていたわけではないが、「丈六の家」を契機として、その後「日和佐の家」「石井重松の家」の2件の住宅の再生を手がけている。これら3件の再生住宅は、敷地環境も予算も既存部分と増築部分の空間構成も三者三様であるが、いずれも改築・増築部分に杉材を使用し、金物をできる限り使用せず、基礎部の柱を根固めし、床と屋根に幅広の厚板材を用いて水平剛性を確保し、筋違ではなく貫と土壁による柔構造によって新しい空間をつくり出している。建築様式や素材に希少価値が認められる古民家の復元というよりは、無名の、しかし居住者にとって履歴を刻まれた空間の再生である。そこには、新築にも通底する現代建築家としての空間哲学がある。

「丈六の家」
郊外住宅を消去する

「丈六の家」は、徳島市郊外の宅地開発の進む戦後的風景の典型のなかに建つ。水まわりの改修依頼をきっかけに設計が始まったが、最終的には大がかりな改修・増築となった。ごく一般的な築20年の木造住宅を格子に組み、楔で押さえた杉材のフレームによる遮熱ペアガラス壁面が覆い、キッチンと連続する吹抜けのリビングルームが形成されている。全体の諸室の配置に大きな変更はなく、リビングルームを開放、拡張したかたちである。実際には、リビングルームに面する3面がガラス壁面で覆われているが、アプローチからは、鞘堂のごとく全面がこの杉材とガラス壁による空間に覆われているような印象を与え、2002年9月の竣工以来、自然乾燥させた杉板の柔らかな床の感触とほのかに甘い香りが住居全体に心地よく漂っている。

リビングルームは生活排水を浄化した水源による前庭の木々や、格子を伝うつる草の外壁によって覆われているものの、非常に開放的である。しかし建主は、外部の視線は全く気にならないと言う。建主は、この住宅に住みはじめて毎朝リビングルームの杉板の床面を拭くようになり（その後はジョギングである）、夜にはここから月や星の表情を楽しんでいる。空調設備を使用することも稀で、自然換気だけで外気が室内を心地よく循環し、自然と一体となった風景が展開される。

おそらく、既存建物を取り壊して新築することも可能であったが、建主によれば、このような生活の潤いは、既存部分が残されているからこそ感じられるという。既存部分の2階の寝室から新旧の空間が重層し、さらに外部の風景がここに重なる。住宅の核となるこの2階の寝室の風景は、この建主が本当に自然と共に生きることの意味を端的に表している。こうして、ありふれた郊外の風景のなかの住宅は、建築的なオブジェクトとして自己主張するのではなく、既存の屋根をかすかに見せながら、ガラスの鞘堂によって風景のなかに埋没している。

「日和佐の家」
伝統的風景を開放する

「丈六の家」とは対照的に、「日和佐の家」は徳島県南部の港町の風景のなかに建つ。当初新築を考えていた比較的若い建主は、伝統的な地域の町並みを尊重し、築75年の町屋の増改築を建築家に依頼した。

K [丈六の家] 既存部分に増築した
吹抜けの階段と中庭。
中庭は建主が愛情を注ぎ、メダカや亀を
育てた幼い頃の記憶を蘇らせている。
緑豊かな庭を隣家に対して
閉鎖的にしないことで、隣近所の人間関係を
繋ぐ役目も果たしている。
敷地の北面には風呂・廊下などがあったが、
傷みが激しかったために取り壊され、
1・2階繋がった階段入側(広い通路)を
増設することによって、開放的な
半外部空間が形成されている。
既存の建物とのバランスを考え、既存と同じく
長柄・込栓と土壁で地元・海部川上流の
杉天乾材がほとんど金物を使わずに
組み上げられている。新しく入れた材は
あえて古色仕上げとはせず、
素地の美しさが生かされている

再生手法としては比較的オーソドックスであり、通りに面するファサードは旧来の趣を残す格子窓を利用し、杉材を格子に組んだ増築部分にも込栓の仕口を用いるなど、できる限り伝統的な技術が適応されている。

その一方で、諸室の配置は上下階を逆転したかたちに変更されている。1階には車庫と土間を設け、通りの奥に移設した階段室の明るい空間が増築され、隣接して雨水を利用した池のある裏庭が配置されている。通りと裏庭は土間によって繋がっているために、前面道路に対して開かれた印象を与え、地域住民とのコミュニケーションを誘発している。明るい裏庭に誘われて、玄関から土間を抜けて階段室を上がると、大工の墨書きそのままの梅の小屋組を露出したリビング・ダイニングへと至る。既存の小屋組に塗り仕上げは施されず、増築部分の杉材との対比がことさら強調されるわけでもない。むしろ、刻まれた時間の異なる二者が無垢のまま並置されている。1階の寝室・客間の薄暗さとは対照的に、2階では伝統的町並みの屋根瓦が両面に開け、子ども時代にここに住んでいた建主の記憶が、伝統的風景と折り重なって再生されている(裏庭の池もまた、子どもの頃錦鯉を飼っていた父の記憶である)。

2004年12月の竣工以来、建主は雨や雷の風景や、冬の寒さや夏の暑ささえも楽しむようになったという。家父長制を反映する古い町屋の空間構成に生活様式を合わせて住みこなすのとは逆に、開放的な現代生活のなかで伝統が見えてくるような再生である。

「石井重松の家」
農村風景を再構成する

「石井重松の家」は、吉野川にほど近い農家の点

L

M

L [石井重松の家] 改修した母屋(旧納屋)に対して
別棟になっている娘夫婦の居間・食堂。
周りの田園風景を切り取るのではなく、
内外が一体化した連続感を出すために無柱空間とし、
梁を井桁状に組むことで天井を支えている。
コストの面から、この別棟だけは人工乾燥した
地場材杉のプレカット加工に手加工が加えられている

M [石井重松の家] 改修した納屋の小屋組を
2階ブリッジから見上げる

在する田園風景に建つ。生家に帰ってくることになった若い世帯が二世帯住宅の新築を建築家に依頼したが、最終的に築80年の納屋を二世帯住宅に改修、転用し、隣接する老朽化した蔵を解体、新築することになった。1階部分に両親が、2階部分に子ども世帯が住む。

納屋は主屋前面に奥行きの深い下屋の土間をもつ「藍寝床（藍の発酵・保管所）」の形式で、下屋部分には床を張り、居住空間としている。納屋の外観は再生前と類同しているが、予算の関係で外壁や屋根にはガルバリウム鋼版が用いられ、新しく設けられた間仕切りにもプラスターボードが使用されている。納屋の内部は松の柱梁が露出し、和小屋と叉首組が交互に並ぶ珍しい小屋組であり、部分的に杉材で補強されている。また、改修された納屋は中廊下で蔵を解体した増築部分に繋がっている。

「丈六の家」の鞘堂形式とは異なり、全周囲が田園の風景に開かれて、新旧の空間が並置されている。増築部分には、低予算のためにプレカットの杉材が軸組に用いられているが、2階の角部に大開口が設けられ、かつての蔵の重厚感が和らげられて、2階に居住することになる若い世帯には開放的な田園風景がリビング・ダイニングに提供されている。

再生建築に限らず、建築家は限られた予算内での取捨選択が求められる。建築家はここで、材料の本物性に関してはある程度妥協し、半間間隔の柱の林立する伝統的な空間構成そのものを再構成している。林立する木柱は「石井重松の家」だけではなく、3件の再生住宅すべてに共通する建築家の空間元型であり、木材の架構の力強さと空間の開放性を同時に満たしている。「日和佐の家」の2階のリビング・ダイニングのように、「石井重松の家」では新旧の素材がこの住宅全体の骨格を形成し、古い松材と新しい杉材があいまって生き生きと呼応している。

生き生きとした空間と身体の再生

新居建築研究所の建築再生手法は、ある意味ではオーソドックスである。自然素材と工業製品とのあからさまな対比や、復元的次元を逸脱する造形的な表現も抑制されている。新居建築研究所における伝統工法の尊重、地場の建材の採用などは、地域性を再生する基本的な手法であろう。現代では失われてしまった環境共生的な伝統技術の再現が何よりの主題であり、現代的造形表現そのものには執着していないと建築家はいう。

しかし、なかでも新居建築研究所が重視している「地場であること」は思ったほど容易なことではない。徳島の場合、那賀川流域の杉の産地を持ち、地場産の木材供給に熱心な林業者との共同作業の幸運に恵まれたことも事実である。材料提供者、施工業者の技術、建主の生活様式、予算の制限、あるいは既存住宅の状態との緊密なやりとりのなかで、現代生活に適応可能な空間に再編集して住宅を再生していく手法は、「もの」としてのオーセンティシティを求められる「建築作品」の再生とは次元を異にする。「地

丈六の家

所在地	徳島県徳島市丈六町
家族構成	夫婦＋子ども
設計	新居建築研究所／構造：U-PLAN PROJECT／その他：和田善行（林業家）、三浦嘉之（庭師）、小坂博信（家具）
施工	アークホーム／大工：湯浅工務店／木材供給：TSウッドハウス協同組合／造園：阿波三松園／家具：チェリア
施工	2002年7月
構造規模	木造2階建
面積	敷地面積：875.74m^2／建築面積：131.20m^2（既存：91.75m^2、増築：39.90 m^2）／延床面積：192.01m^2（既存：143.88m^2、増築：48.13m^2）（既存＋増築：1階：126.06m^2、2階：65.95m^2）
建蔽率	25.94%
容積率	36.27%
地域地区	市街化調整区域
［主な外部仕上げ］	
屋根	ガルバリウム素地鋼板葺き一部桟瓦葺きよりガルバリウム素地鋼板葺替え
壁	サイディングよりダイライト下地杉板張りサドリン塗り
建具	アルミサッシより杉赤身建具およびアルミサッシ
［主な内部仕上げ］	
天井	広間：ビニルクロス貼りより杉板厚30mm本実加工／寝室：ビニルクロス貼りより和紙クロス貼り／2階和室：ビニルクロス貼りより柿渋和紙貼り
壁	広間：ビニルクロス、プリント合板よりビニルクロス貼り／寝室：ビニルクロス、プリント合板より和紙クロス貼り／2階和室：ビニルクロス貼りより柿渋和紙貼り
床	広間：合板の上クッションフロア、カーペット敷きより杉板厚30mm（熱圧処理）米糠ワックス／寝室：合板の上カーペット敷きより杉板厚15mm（熱圧処理）米糠ワックス／2階和室：合板の上カーペット敷きより縁無畳敷き厚60mm

場であること」は、場所、素材、技術、造形すべてにかかわるが、その空間経験は、単に「もの」の次元ではなく、豊かな感性によってはじめて捉えうる。

感性は、その場所で生きている身体によって育まれる。再生されるものは、建築物だけではなく、それと呼応する身体でもあることは、「丈六の家」や「日和佐の家」の建主が教えてくれる。新居建築研究所における再生は、建築物の再利用としてではなく、建築・庭・風景の空間を体感する身体の現象としてみればわかりやすい。そこでは我々（あるいは建築）が大地に根ざしていることを再認識させられる。要するに、身体の再生と環境の再生は相補的なのである。

おそらくそれは、四国の温暖な気候が自然換気による開放型の空間の理想を追求する条件を満たしていることにも関係している。また、こうした建築手法に建築家のインドでの履歴が関連していることは容易に想像がつく。「地場であること」は素材の本物性や希少性の問題を超えた、生き生きとした空間の美学に支えられている。それは切り花ではなく、風雪に耐えて大地に自生する野草木の美学である。建築の新築・再生、あるいは建築設計とは直結しない吉野川の河口堰問題への取り組みは、大地に履歴を刻んできた人間の身体を再び大地に返そうとする新居建築研究所の一貫した仕事といってよい。それは浮遊した身体を獲得した現代において、かえって現代的である。

日和佐の家

所在地	徳島県海部郡美波町日和佐浦
家族構成	夫婦＋子ども2人
設計	新居建築研究所／構造コンサルタント：山辺構造設計事務所
施工	寺島建設／大工：寺島将智／木材供給：TSウッドハウス協同組合／造園：阿波三松園
施工	2004年12月
構造規模	木造2階建
面積	敷地面積：115.2m^2／建築面積：67.9m^2（増築：11.64m^2、模様替え：56.26m^2）／延床面積：132.30m^2（増築：23.2m^2、模様督え：109m^2）（1階：67.90m^2、2階：64.40m^2）
建蔽率	58.9%
容積率	114.8%
地域地区	区域区分未設定都市計画区域
［主な外部仕上げ］	
屋根	既存部：瓦葺替え／増築部：ガルバリウム鋼板瓦棒葺き
壁	小波トタン張りおよび金属板張りから杉板厚15mm目板抑えガードラック塗り
建具	アルミサッシより木製建具十アルミサッシ
［主な内部仕上げ］	
天井	既存部1階：既存2階床現し／2階：竿縁天井より既存野地板現し／増築部1階：2階床現し（杉板厚40mm）／2階：野地板（杉板厚30mm）現し
壁	既存部：既存土壁の上漆喰塗り／増築部：土壁＋漆喰塗り
床	既存部1階：畳張替えおよびフローリングより杉板厚30mm（熱圧処理）張替え米糠ワックス塗り／2階：畳敷きより杉板厚30mm（熱圧処理）張替え米糠ワックス塗り／増築部：杉板厚40mm（熱圧処理）米糠ワックス塗り

石井重松の家

所在地	徳島県名西郡石井町重松
家族構成	2世帯7人家族
設計	新居建築研究所
施工	アズマ建設／大工：長谷原敏、長谷原憲三／板材供給：TSウッドハウス協同組合／造園：阿波三松園
施工	2006年9月
構造規模	木造2階建
面積	敷地面積：1056.6m^2／建築面積：395.32m^2（増改築部：118.01m^2）／延床面積：556.03m^2（増改築部：185.20m^2）（1階：114.12m^2、2階：71.08m^2）
建蔽率	37.40%
容積率	52.6%
地域地区	市街化調整区域
［主な外部仕上げ］	
屋根	本瓦葺きよりガルバリウム鋼板葺替え
壁	ササラ子下見板よりガルバリウム鋼板Kスパン葺替え
建具	木製建具とアルミサッシよりアルミサッシ
［主な内部仕上げ］	
天井	既存納屋部：2階床杉板厚40mm現しまたは野地板現し／1階食堂：化粧ボードよりPBの上ビニルクロス貼り／増築部：1階天井厚30mm現し、野地板厚30mm現し
壁	既存納屋部：既存土壁の上漆喰塗り仕上げ、新規壁PBの上ビニルクロス／増築部：PBの上ビニルクロス
床	既存納屋部1階：土間より杉板厚30mm（熱圧処理）米糠ワックス塗り、水使用部セッラクニス塗り／2階廊下、洗面、便所、納戸、子ども室：杉板厚40mm（熱圧処理）／増築部：杉板厚30mm（熱圧処理）

かんから・カン

上原武二（2001年）

沖縄民家を現代風にアレンジする

A 1階和室コーナー。オーナーであり建主の上原さんのおじさんが50年前に建てた木造民家を居酒屋に改造。コンクリートの波に押されながらも、ヤンバル大工と呼ばれる名大工たちが腕をふるった最後の時代の産物である。上原さんは自ら図面を引き、また部分的に施工も手がけた。基本的に躯体は残したが、隣接するRC造の増築部も含め、自由奔放に改造された

市街地のなかに古民家を再生

居酒屋かんから・カン

上原武二 UEHARA Takeji
❖
かんから・カン店主

建築後、46年経過した伝統的な木造住宅を、商業建築としていかに再生するか。しかも、建物の位置は大通りよりも16mも奥まったところにある。居酒屋として、集客力をもった建物をどのようにつくるかが課題であった。

敷地はいびつであるが、幸いなことに、背後に高さ4.2mの重量式擁壁をもっていたので、これを利用して立体的な「遊びの空間」がつくれないか検討していった。

1階は、沖縄の民家を杉板と漆喰で改修することで、沖縄的な空間を現代風にアレンジすることを考えた。2階には、擁壁を利用して生まれた小さな空間に、以前から趣味としていた陶芸を活かして「陶芸教室」をつくった。またその上部にあたる3階には、広いオープンスペースが確保できるので、ビアガーデンをつくった。ビアガーデンは、名称を「マンハッタンクラブ」とし、イスやテーブルは、ニューヨークのビル群をイメージして設計している。1階は「沖縄空間」、2階は陶芸＝唐＝「中国空間」、3階は「アメリカ空間」という構成で全体をまとめている。つまり、近年の沖縄が歩んできた歴史を「人のチャンプルー化＝交流」として表現することを考えたのである。

1階のアプローチには緑のトンネルをつくり、3階のビアガーデンには、バナナやみかんなどの植物をたっぷり植え込んだ。1階の緑、3階に行く屋上階段から見える緑と赤瓦屋根、そして緑に包まれたビアガーデンと、建物全体を緑で包むことも考えた。

B オーナーの上原武二氏

C 赤瓦の民家と顔を寄せ合うように建てられた
鉄筋コンクリートの増築部分。見えているのはビアガーデン

D 南面から見下した改修前の外観（提供：上原武二）

E 道路側からのアプローチ。緑に溢れた旗竿敷地の竿の部分。
なかなか居酒屋と気づかない人もいるという

F 夜ともなれば、美味しい肴と酒に舌鼓をうつ客で一杯になる。写真左上の天井面にある横長のスリットは、換気口。
内外壁とともに漆喰塗りとしたための通風対策だ。軸組は補強のためのトラスを多く用いているが、
三角形のトラスは上原さんのデザインモチーフのひとつともなり、アルミサッシの装飾としても使われている

G

H

I

J

G 赤瓦の屋根を俯瞰する。旗竿敷地で周りを建物に囲まれているため、「かんから・カン」の外観はここでしかわからない。右手は、60度近い擁壁の上に増築した鉄筋コンクリート造3階建の増築部分。1階は居酒屋、2階は陶芸教室、3階はビアガーデンとして使っている

H 増築部3階のビアガーデン。椅子も上原さんの手によるもの。マンハッタンをイメージし、異形鉄筋と色ガラスで骨組みをつくった「マンハッタン・チェアー」

I 増築部の2階に至る階段踊り場。ドアの把手には百日紅の枝が使われている

J 増築部2階の陶芸教室

K 入口のカウンターまわり。カウンター材は琉球松。壁面は職人さんの手によるときれいになりすぎてしまうとの考えで、友人たちと塗ることとした。ガラスや山葡萄の蔓を埋め込んでいる

かんから・カンへご来店の大人たちは「迷路のようだ」、子どもたちは「忍者屋敷みたい」と言う。いびつな敷地にそびえる「擁壁」を利用することによって、多様な変化に富んだ空間は生まれた。
2007年「陶芸教室」は事務所へ、3階のビアガーデンはアルミサッシで囲い冷暖房を設置した快適(?)な大広間へと変身した。そして来年は……? 常に進化する居酒屋を開店当時から描いていたのが、少しずつ実現できつつある。

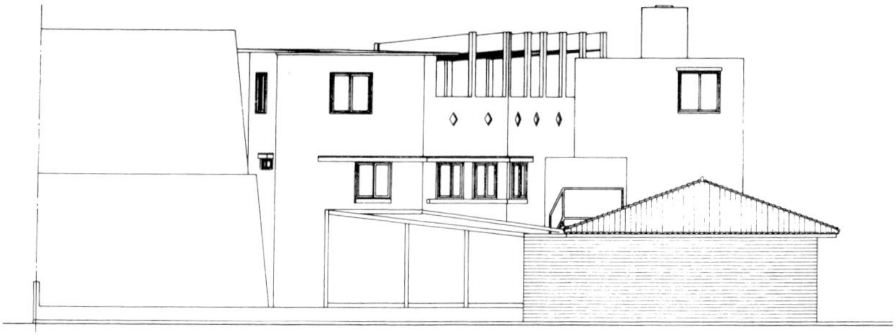
立面図(S＝1:250)

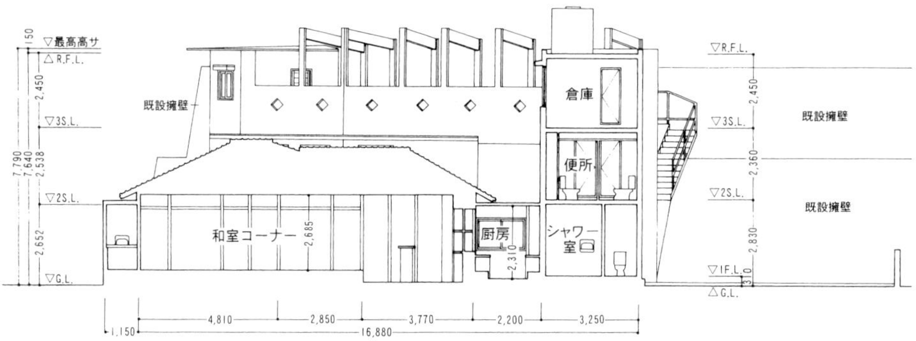

断面図(S＝1:250)

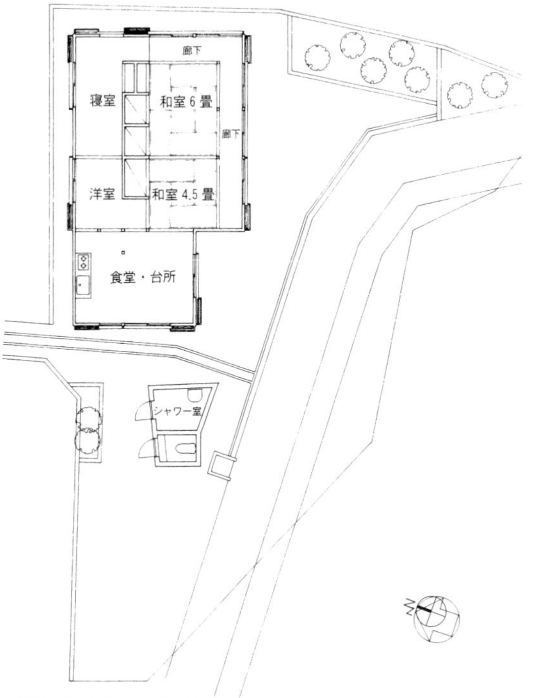

再生前平面図(S＝1:300)

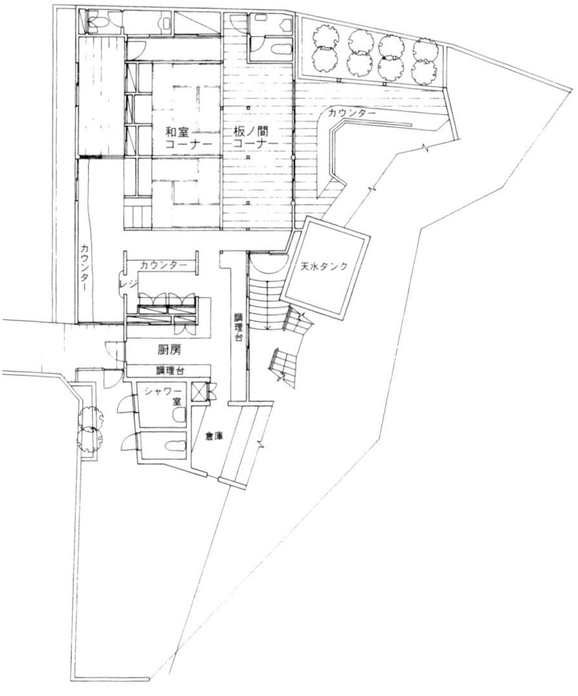

再生後1階平面図(S＝1:300)

“これが建築なのだ”ダイナミックな全面改修

❖

初田 亨 HATSUDA Tohru

赤い色をした瓦を白い漆喰でとめていく、伝統的な沖縄の民家。「かんから・カン」は、そんな建物を改造してつくられた居酒屋である。赤瓦の屋根は、ミーガーラ(雌瓦)と呼ばれる平瓦と、ウーガーラ(雄瓦)と呼ばれる丸瓦を組み合わせてつくられている。年代を経て、漆喰は苔むしてくるが、赤瓦は風雨にさらされ、いっそう深い赤味が増してくる。

屋根には、あらゆる邪気から人々を守ると伝えられるシーサーも載っている。シーサーが中国から伝えられたのは17世紀頃といわれるが、庶民の家に置くことができるようになったのは、それよりもずっと遅い明治時代になってからである。

現在では、那覇の町を歩いても、大きな通りに面した所には、赤瓦の民家をほとんど見かけることができない。1960年代に、米軍の復興基金や基地建設を背景にして、ブロック工場が建てられ、伝統的な民家に代わって、ブロック造の建物が多く建てられるようになっていった。木造の建物は、台風および白蟻に弱いという弱点をもっており、沖縄の建築にとって大きな課題になっていた。また現在では、ブロック造に代わって、鉄筋コンクリート造の建物が建設の主流になっている。伝統的な民家がつくられることはほとんどなくなり、木造建築を取り扱うことのできる職人も減ってきたという。

「かんから・カン」の基をなす民家は、「かんから・カン」の経営者である上原武二氏のおじさんが、自分の住まいとして1955年に建てている。ブロック造の建築が数多く建設されていく時代の直前で、まだ伝統的な建築があたりまえに建設されていた最後の時代にあたる。建物を建設した職人は、大宜味《おおぎみ》大

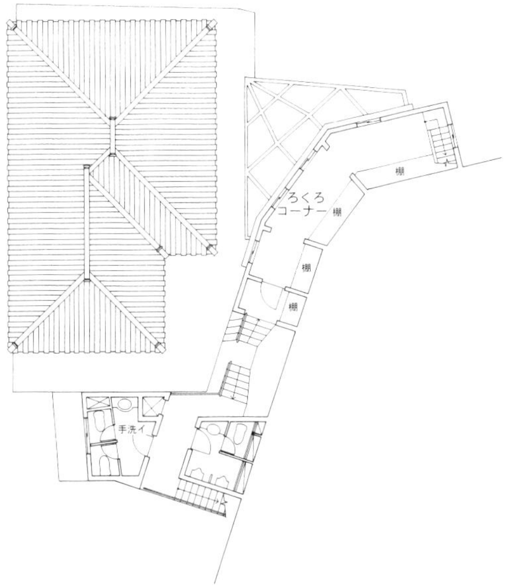

再生後2階平面図(S＝1：300)

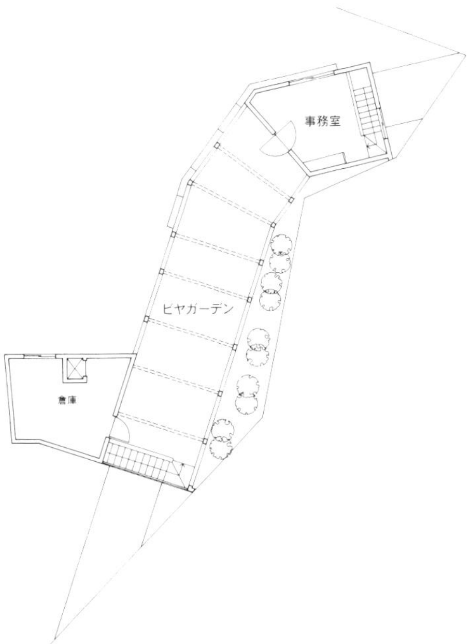

再生後3階平面図(S＝1：300)

工、あるいはヤンバル大工とも呼ばれる沖縄北部の大工であった。大宜味大工は、沖縄では腕の良い大工として知られていた。

屋根に用いられた瓦と漆喰は、沖縄でつくられたものだが、構造材と壁材に使われた杉材は沖縄になく、宮崎県産のものを使用している。

建物は、南向きにつくられ、「一番座」、「二番座」、そしてふたつの「裏座」と呼ばれる部屋、およびシムと呼ばれる台所からなっている。「一番座」、「二番座」には畳が敷かれているが、「裏座」は板の間である。また、便所とシャワーは、母屋からはなれた別棟として建設されている。大きな民家の中には、「三番座」までもつ家もあるが、その点からすれば、「かんから・カン」は一般的な大きさの民家であったといえよう。

伝統的な民家では、建物全体が呼吸できるようにとの配慮から、風通しを考えて南向きにつくられるのが一般的である。「一番座」は床の間を持つ部屋で、客間に使われるのが普通であった。「二番座」は仏壇をもつ部屋で家長の寝食に、「三番座」は家族のくつろぐ部屋として使われた。また、「裏座」は寝室などに使われた。おそらく、「かんから・カン」の建物も、同じように使われていたのであろう。

伝統的な民家を活かしながら、建物を居酒屋に改造したのは「かんから・カン」の主人でもある上原武二氏である。

上原氏は、「沖縄の伝統的な建物に愛着を持っていたので、赤瓦の民家を生かしながら、緑に包まれた居酒屋をつくりたかった」と述べている。「自然を大切にした建築が好きだ」とも言う。

上原氏が生まれたのは、建物が建てられたのと同じ1955年である。那覇に生まれ、沖縄工業高校を卒業した後、地元および東京の設計事務所で経験をつんで、TEAM・ZOOの一員である「アトリエ・モビル」に勤めている。その後那覇に戻って、同じTEAM・ZOOの一員である「アトリエ・ガイイ」に勤めた後、独立して「設計工房 大地」を設立している。独立した後、設計事務所兼自宅として借りたのが現在の建物である。設計事務所兼自宅にしたとき、それまで土間であった台所の床を板の間に変えている。

「かんから・カン」をつくった後は、その経営に専念して設計事務所を閉じているので、上原氏にとっては「かんから・カン」が最後の作品にもなった。建物の改造および増築工事は、計画に2年、工事に半年と、合計2年半かけている。

建物の改造にあたって最初に考えたことは、沖縄の歴史を建物に表現しようということであったという。伝統的な民家を改造して居酒屋をつくり、その脇の60度近い傾斜をもつ擁壁の上に、鉄筋コンクリート造で、2階の高さに陶芸コーナー、3階の高さにビアガーデンをつくっている。伝統的な民家を活用した1階の居酒屋が琉球、2階の陶芸コーナーが中国、3階のビアガーデンがアメリカと、3つの要素を組み合わせることで、沖縄の歴史および現在の姿を表現したという。少々こじつけ気味のようにも思えるが、設計者の建築に対する考え方がよく伝わってくる。また、陶芸でマイカップをつくってもらい、居酒屋やビアガーデンで飲むことも考えたという。

3階のビアガーデンのイスは上原氏の設計したもので、「マンハッタン・チェアー」と名付けられている。異形鉄筋と色ガラスで骨格をつくり、人間の体が触れる、背と座の部分に木を用いたもので、明るく開放的なビアガーデンの雰囲気にピッタリのイスである。ビアガーデンでは、「周りの樹木を視界

L ずらりと並ぶ酒瓶の下に設けられた自然換気装置

M 柱梁の取合いのディテール

に取り込み、緑の中の居酒屋をつくりたかった」という、当初の意図を実現している。まだ緑色であったが、ビアガーデンに、バナナの実がなっていたのが印象的であった。

伝統的な民家の改造に当たっては、建物の構造材と屋根をそのまま利用するとともに、床の間など壁の一部もそのまま活用している。ただ壁については、多くの部分をそれまでの板壁から漆喰塗りに変えている。外壁・内壁とも漆喰塗りを多く使用しているが、壁を漆喰にしたのは、「板壁だと硬い印象の建物になってしまうので、柔らかさを出すために変更した」という。

壁は、ラスボード下地まで職人につくってもらっているが、塗り壁の工事は上原氏とその高校の友人たちでつくっている。壁をセルフビルドとしたのは、「職人に工事をまかせると、きれいになりすぎてしまうので、自分たちでつくったのだ」という。きれいにしすぎないというのが、設計にあたって、建物全体に貫かれた上原氏の考え方でもあったのだろう。粗雑ではないが、かといって畏まりすぎることもない、全体に親しみのもてる空間がつくられている。

壁は、漆喰、土、わら、顔料で、白を基調に、少し赤茶色の入った色にしているが、少し赤味を帯びた色とすることで、漆喰のもつ冷たさがなくなっている。また、壁のところどころに、庭に生えていた山ぶどうの蔓や、陶器、色ガラスの破片などを埋め込んで、空間にアクセントをつくり出している。沖縄の民家は、良材を選んで、細かな部分の収まりを気にしながらつくっていくというよりも、どことなく粗っぽさの残った素朴な感じのする建物であるが、手づくりの壁を用いることで、さらにその良さを引き出すことに成功しているともいえよう。

開店以来、居酒屋は繁盛しているという。建物が地元の人にも受け入れられたのであろう。

伝統的な民家を居酒屋に改良するには、大きな空間をつくる必要があり、間仕切りや建具、欄間を取り払って一室空間にしているが、柱などの構造材はそのまま利用している。また、民家の数少ない装飾的要素である、一番座の床の間や、各部屋の長押に使われていた鶴や亀の釘隠しもそのまま残されている。沖縄の伝統的な民家は、風通しを考えて、壁の少ない開放的な建物になっているが、居酒屋とすることで外壁を閉じざるを得ず、その点については、天井や壁の各所に、数多くの自然換気装置を設けることでカバーしている。

カウンターやテーブルは厚い琉球松でつくられている。琉球松を使うことができたのは、開発で伐られた樹木を池に貯蔵していた陶芸をしている友人がおり、その友人から譲り受けることができたためという。ドアの把手には、百日紅の木が自然のまま用いられている。百日紅の木は、知人が百日紅を切ったとき、いつか建築に使用しようと考え、もらい受けておいたものであるという。ところどころに、自然にある植物などをそのまま用いた、手作りの跡がみられる建物で、自然をできる限り取り入れたいといった、設計者の意図がよく表現されている。

工事費は、建物だけで3,500万円、厨房機器やクーラーを入れて4,500万円かかっている。

居酒屋のカウンターの隅に、『象設計集団のいろはカルタ 空間に恋して』や『大竹康市番外地講座 これが建築なのだ』が置かれていたことが、強く印象に残った。

かんから・カン

所在地	沖縄県那覇市
用途	居酒屋
設計	設計工房大地／上原武二
施工	セルフビルド＋野原重隆
改修	2001年12月
構造規模	木造平屋建＋RC造3階建
面積	敷地面積　350m^2 建築面積　226.85m^2（増築：156.65m^2） 延床面積　299.12m^2（1階：194.49m^2、2階：75.55m^2、3階：29.08 m^2）
建蔽率	66.91％
容積率	88.22％
地域地区	近隣商業地域
［主な外部仕上げ］	
屋根	赤瓦葺き
壁	ンクリートの上漆喰塗り、ラスカッドボードの上漆喰塗り
建具	木製建具、アルミサッシ
［主な内部仕上げ］	
天井	1階：杉板張り及びラスボードの上漆喰塗り／2階ろくろコーナー、3階ビアガーデン：RC打放し
壁	1階：杉板張り及びラスボードの上漆喰塗り／2階ろくろコーナー、3階ビアガーデン：RC打放し
床	1階：ベニア厚12m/mの上杉板張り、畳敷き／2階ろくろコーナー、3階ビアガーデン：RC打放し

小笠原伯爵邸

ワン プラス ワン アソシエイツ（現ワン・プラス・ワン）（2003年）

PFI方式による保存再生の可能性

小笠原伯爵邸

曾禰中條建築事務所（1927年）

A 庭園側外観。
装飾豊かな円弧状の部分は喫煙室。外壁のタイルは、
原寸図作成および類型化の作業から始め、再生された。
また、建具や金物はすべて実測し、
建物内にて入れ替えの調整を行っている

B 保存グレードaのレベルで改修された旧客間。
シャンデリアや照明はすべて新たに買い求められた。
窓ガラスは、左端にみえる小川三知の
ステンドグラスのみがオリジナル

C 木製パネルによる重厚な雰囲気の旧食堂。
中央に置かれたエリザベス様式の大テーブルは、
竣工時の家具として館内唯一のもの

時とともに佇む

生き続ける状況のデザイン

國武陽一郎 KUNITAKE Yoichiro
❖
ワン プラス ワン アソシエイツ（現ワン・プラス・ワン）

　廃墟と化した現場を訪れた際に、様式や装飾以上に全体と部分そのどれもが熟考され抑制の利いたデザインであると感じた。空間の質を維持しつづけること、気品を感じさせる静寂な佇まいを再生させることが目的となった。

　修復計画においては、大きく復元と再生に伴う改装とに領域を分けられた。主題としては、歴史的建造物としての“質”を保存するとともに、状態の悪い部材であってもその構成部材を保存活用するという“物”の保存を詳細に至るまで行うことを考えた。そのため、現場における修復作業のなかでも、当時のつくり手の意図や手間を、つくられたものから探り、職人と共に再生するプロセスを重要視した。部材保存のために現在の工法を用いた部位もあるが、他方で鉄部に蜜蝋を塗り込むなど旧来の方法を採用している部位もある。

　改装部分については、もとの空間性を尊重しつつ他との調和を考え計画した。堅固な構造や仕上げ、換気システムなどが大きく手を加えることなく利用可能であったことは、曾禰中條事務所の技術に対する意識の高さを感じさせられるところであり、また、空間構成の特徴である中庭を中心としたサーキュレーションが、創建時とは異なるかたちでふたつの領域を結びつけるものとして活用できたことは、諸室をつくりだすために新たに壁面を計画しなかったこととともに構成上の保存再生も行えたのではないかと考えている。

　建物が新たな機能に変わったとしても、継続して修繕可能な状況をつくりだすことは、PFIとしての保存の場合、その状況を続けるための経済的環境を同時に維持する必要がある。我々は借主と共に、約18ヵ月間ほぼ毎日邸宅に通いつめ、結果、事業的にも評価をいただいているが、プロジェクトは始まったばかりであると考えている。

D 保存グレードaに設定されたパティオ(中庭)。
瓦、外壁の処理、窓に嵌められた鋳鉄飾りなどスパニッシュ様式の特徴を示す。
屋上の木製パーゴラは復元

E 主玄関。葡萄樹のモチーフを
あしらった鉄製のキャノピー。
以前は、フレームの各所の孔を通して
ツルを絡ませてあったが、補修時には、
フレームごとに装飾を切断し、
再び端部を溶接してつなぎ合わせた

I 北側外観。接客用の主玄関の右手に、家族が出入りした内玄関がある

F 玄関に続く広間から大廊下を望む。
鉄製の飾り枠によって空間が分節されている

J カフェに生まれ変わった内玄関脇の旧執務室。
保存グレードcの改修を受けた部屋

G 竣工当時の主玄関（写真提供：小笠原伯爵邸）

H 竣工当時の旧客間（写真提供：小笠原伯爵邸）

K 小鳥、草花、果物、太陽などが散りばめられた陶器タイル。竣工時のものは
中国陶磁研究の第一人者である小森忍（1889～1962年）が製作したもの。
その後、ほとんどが剥離した状態にあったが、今回の改修で復元された

PFI方式による保存再生の可能性

大川三雄 OHKAWA Mitsuo

旧小笠原邸は、1927年9月、伯爵・小笠原長幹（1885～1934年）の自邸として東京・河田町に建てられた［L］。旧小倉藩主の長男であり、礼法小笠原流の宗家30代目の当主にあたる長幹は、3年間にわたって英国に留学、帰国後は式部官・大礼使典議官を経て、1918年より貴族院議員の任にあった。一方、私的生活においては彫塑を趣味とし、1914年の文展（文部省美術展覧会）に入選経験をもつ芸術家肌の人物でもあった。

伯爵家の住まい

河田町の住まいは、以前は和館付きの洋館であったが、震災で倒壊したため新しい住宅の建設が進められた。設計を担当した曾禰中條建築事務所は、昭和戦前期において日本で最大規模を誇った設計事務所である。所長の曾禰達蔵は、旧幕時代、小倉藩主と縁戚関係にあった唐津藩の小笠原家に仕えていた人物であり、またパートナーの中條精一郎は、小笠原長幹と同じケンブリッジ大学への留学経験をもつ建築家である。

地震での倒壊の経験から、構造は鉄筋コンクリート造、地下1階地上2階建、しかもパティオ（中庭）を囲むロの字型の安定した平面形状をもったスパニッシュ様式が採用された。昭和初期の邸宅では、格式を重んずる古典様式よりもチューダー様式やスパニッシュ様式への関心が高まっていた。旧小笠原邸は、そうしたスパニッシュ様式の邸宅のなかでも、現存する最高ランクのものといえよう。

L 竣工当時の南側外観（写真提供：小笠原伯爵邸）

葡萄樹の模様をあしらったキャノピーを抜けて主玄関を入ると、ここにも葡萄樹と小鳥の鋳鉄飾りによって演出された広間がある。葡萄樹は地中海・中東世界を代表する楽園の果実で、ディオニソス信仰と結びつくモチーフである。広間から大廊下を経て東側一列に旧食堂、客間、喫煙室といった接客部が並ぶ。食堂は暗褐色の板張りをもつルネッサンス風の内装だが、続く客間は一転して明るい色調に変わり、柱頭飾りや窓ガラスにも植物や果物のモチーフが溢れている。突き当たりの円弧状に張り出した喫煙室がこの館の最大の見せ場で、デザイン密度の高いイスラム風のインテリアとなっている［M、N］。歴史主義のルールとして、コーヒーや煙草といった嗜好品を楽しむ部屋は、その起源に照らしてイスラム風の意匠が採用される。比較的質素に仕上げられたスパニッシュ様式の外観とは対照的に、室内は全体に華やかな雰囲気に仕上げられている。

接客部と直交するかたちで、大きなテラスの付いた書斎と寝室が並んでいたが、今回の改修工事によって、この部分はレストランの主要な客室部に変更された。南西の角にあった夫人室は、「座敷」と「合いの間」に納戸の付いた和室で構成されていたが、レストランの厨房として生まれ変わった。このほか、西側のブロックには浴室、仏間、奥便所、女中室、家職（華族家の事務を執る人）室、家職応接室、次食堂、家丁（下男）室、次浴室、内玄関といった諸室が並んでいたが、いずれも今回の改修で新たな機能の部屋に転用された。

凡例　修復工事におけるグレード別

グレードa：復元	オリジナルの修復・復元（様式復元）
グレードb：改修	用途に応じた材料による修理・活用
グレードc：機能維持	用途に応じた改装（改造・新機能付加）
グレードd：機能維持	躯体保存等の現状維持（清掃し、最低限必要な内装を施す）

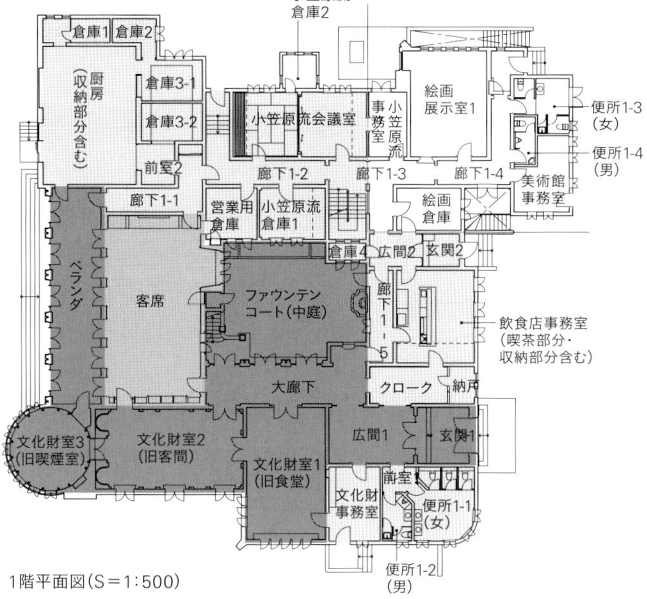

1階平面図（S＝1：500）

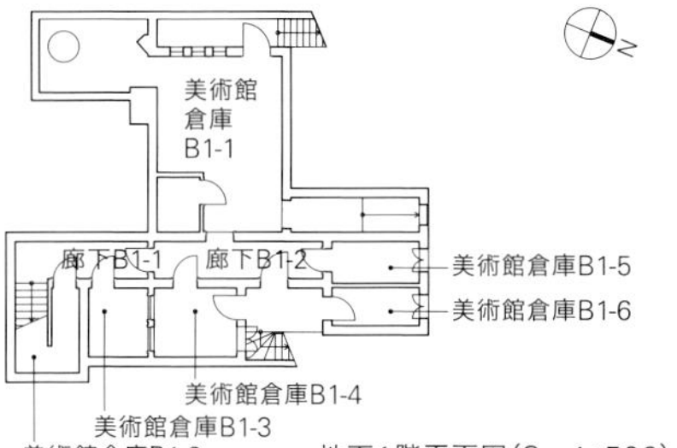

地下1階平面図（S＝1：500）

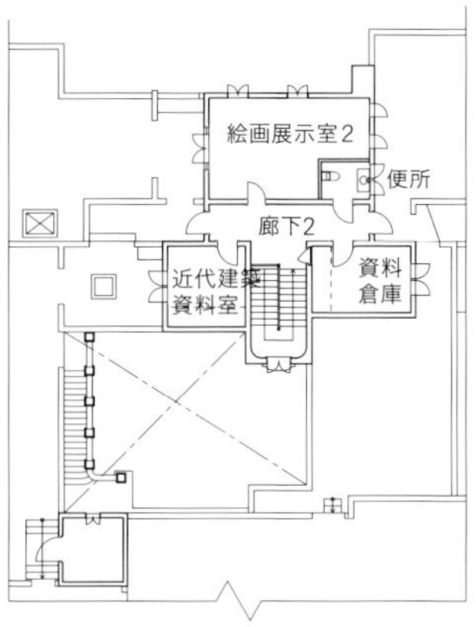

2階平面図（S＝1：500）

【玄関キャノピー】

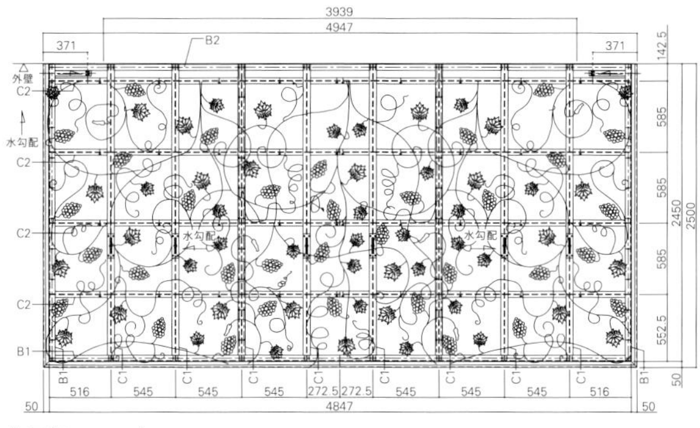

伏図（S＝1：75）

標準断面図（S＝1：7.5）

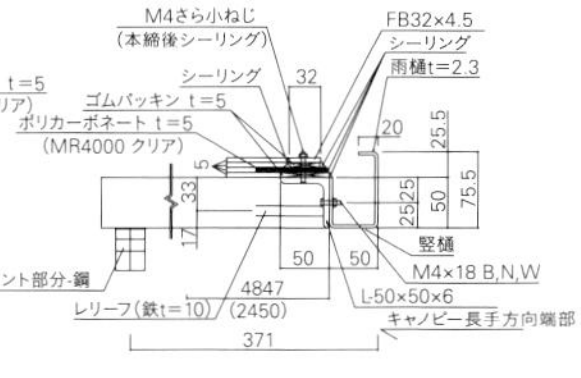

額縁断面図（雨樋部）図（S＝1：7.5）

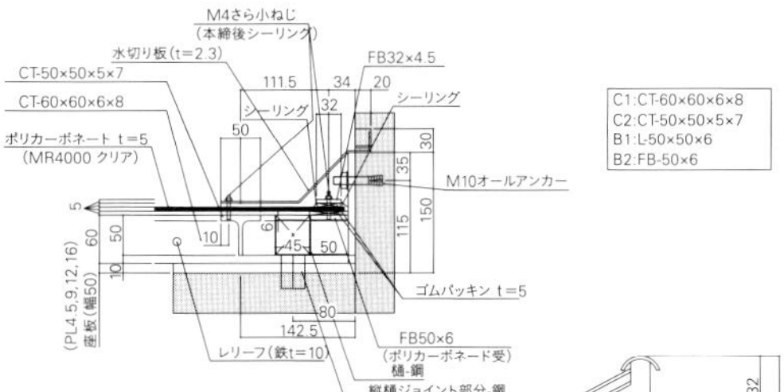

壁面断面図（S＝1：7.5）

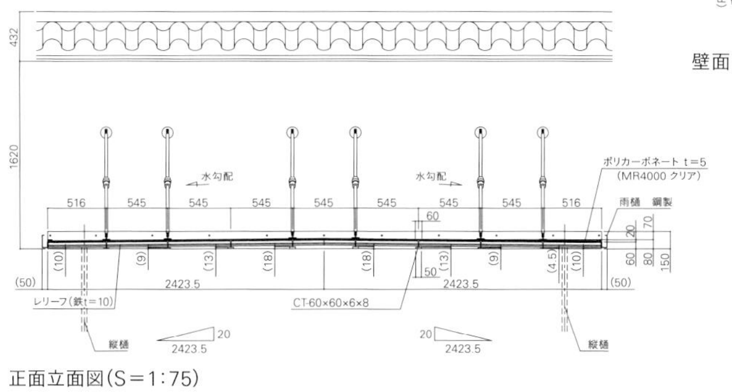

正面立面図（S＝1：75）

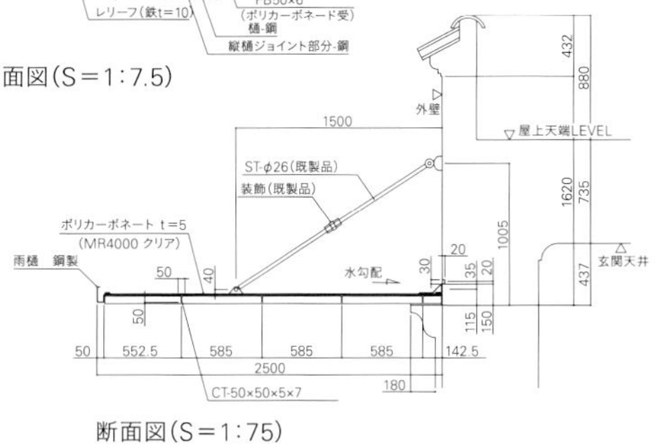

断面図（S＝1：75）

喫煙室外部タイルとならんで、本建築を特徴づける部分として玄関および玄関キャノピーが挙げられる。

壁面砂岩もさることながら、銅板とスチールを組み合わせた上部キャノピーは状態が非常に悪く、装飾部を再利用しながら新規製作となったため、保存手法検討に時間を要した。型鋼のフレームを現存と近似の部材寸法にて設計、水勾配を変更し、樋をフレームと一体化で新設。また、支持は躯体への後アンカーとなるため、上部ガラスをポリカーボネートへ変更し軽量化を図った。

当時の写真と比較しながら、葡萄の葉が欠けている箇所については新規に継ぎ足している。

長幹夫妻には5男6女の子どもがあったが、この本館に小笠原夫妻と女中と家職が暮らし、子ども室や茶室、工房などは別棟に設けられ、敷地内全体では総勢30人近い人々が暮らしていたのである。

保存再生までの経緯

旧小笠原邸は敗戦後の1948年、GHQに接収。1952年の解除後は、法務省を経て東京都の所有となり、1953年4月から22年間にわたり、福祉局の管轄の元、中央児童相談所として使用、1957年4月には隣接地に婦人相談所も設置された。1975年3月には建物の老朽化を理由に児童相談所が戸山町に移転、一度は失明者の更正施設を建設するため取り壊される方針が決定されていた。1980年9月、日本建築学会より保存要望書が提出されたことから福祉局は取壊しを断念、とりあえず倉庫として使用される日々が続いていた。

転機となったのは、1990年、東京都の生活文化局により「歴史的建造物景観意匠保存事業」の対象建造物150棟の1つに選ばれたことである。1991年3月1日には、公有財産として、福祉局から生活文化局に引き継がれ、同年11月には小笠原邸保存活用のための基礎調査、さらに1992年11月にも建築意匠に関する調査などが行われた。1995年7月から1996年3月にかけては本格的な保存活用復元調査が行われ、東京都としての保存活用の方針が打ち出されたが、バブル崩壊後の財政難により実現には至らなかった。

再び、保存活用の気運が高まったのは2000年のことである。設計者・曾禰達蔵の玄孫に当たり、この建物に特別な想いを抱き続けてきた女性建築家・平井ゆか氏と建築史を中心とした各種専門家の方々が中心となって民間から保存要望の声も高まり、同年6月には建築学会の有志も加わって「『旧小笠原邸』を考える会」が発足された。

こうしたなか、2000年に東京都は「歴史的建造物として相応しい活用を条件」にして民間への貸し出しを行う、いわゆるPFI方式による保存活用を打ち出した。自らの負担なしで、所有する建物を有効利用しようとする試みである。同年9月26日～10月10日の期間、『旧小笠原邸借受者募集要項』が配布され、10月11日には、現地にて説明会が開催された。この時には50名近い人々が集まるなど、関心の高さを示していたが、説明会で提示されたさまざまな条件に尻込みをしたのか、最終的な募集に応じたのは3社のみであった。3社が提出した事業計画の内容は不明であるが、審査会での検討の結果、東京都・表参道で飲食店を経営する「インターナショナル青和」が借受者として決定された。

募集要項と修復工事における グレードの設定

『旧小笠原邸借受者募集要項』使用条件として、「文化的価値の高い歴史的建造物にふさわしい事業等を行う」こと、「都民に対して公開の措置」を講ずること、そして「地域環境への配慮を行う」ことの3点が明記されている。

貸付け方法は、借地借家法第38条に規定する定期建物賃貸借契約によるものとし、貸付期間は修復工事に加え10年以内で、契約の更新は未定である。また、修復工事費用は全額を借受者が負担し、修復工事に当たっては東京都の指示する基準を上回るグレードで行うこととある。さらに返還時の条件として「建物を修復工事終了後に都の検査に合格した時の状態に回復して返還」、ただし「都が現状のままで返還することを承認した部分を除く」ことなどが示されている。

10年契約で修復工事の全額負担、修復工事におけるグレードの設定といった条件こそが、多くの人々の参加を躊躇させた理由であったに違いない。なかでも、修復工事におけるグレードの設定は、PFI方式にもとづく歴史的建造物の保存活用を考えるうえできわめて重要な問題といえよう。民間に委ねる際、「保存」と「活用」のバランスの取れた計画ができるか否かは、この修理工事のグレードの設定如何によるからである。

ちなみに建物の構造は万全で、補修の必要性はほとんどなく、床下90cmの高さは新しい設備配管を処理するうえでも恵まれた条件下にあり、修理・修復の主眼はインテリアに集中していた。また竣工時の詳細な図面が東京大学生産技術研究所の藤森研究室に保管されていたことから、かなりの程度におい

M 喫煙室内部。この館のなかで最も濃密なインテリア。やや煤けた壁も、風合いを残すかたちで修繕されている。
天井の色彩は、当初白に塗っていたが、その後の調査で青に塗りなおした(写真提供：小笠原伯爵邸)

O ワインセラーに変更された地下室。
トップライトの光が注ぐかつてのポンプ室には
装飾的な効果を狙った泉水が新たに設置されている

N 喫煙室内部の詳細。
イスラム風の装飾によって埋め尽くされている

て、オリジナルへの復元も可能という背景があった。

基準は、建物内を次のような4つのグレードに分けて示している。

①グレードa（復元）／オリジナルへの修復・復元（様式復原）
②グレードb（改修）／用途に応じた材料による修理・活用
③グレードc（機能維持I）／用途に応じた改装（改造・新機能の付加）
④グレードd（機能維持II）／躯体保存等の現状維持（清掃し、最低限必要な内装を施す）

内装におけるグレードa（復元）を指示されている部屋は、喫煙室、ベランダ、大廊下、広間、客間、食堂、中庭、玄関である。ここでは、既存の材料を生かした丁寧な修復が試みられた。喫煙室のように、経年変化による風合いを生かすため、当初の姿への復元にこだわらないとする考えも採られている。グレードb（改修）が指示されているのは寝室と書斎のふたつである。ほかの1階の諸室はすべてグレードc（機能維持I）に設定されている。たとえば、以前の厨房はギャラリーとなり、使用条件のひとつである建物の公開性に応える活用が計画されている［R］。そのほか2階と地下の部屋はすべてグレードd（機能維持II）である。

この設定のなかで、最もポイントとなるのはグレードb（改修）が指示された書斎および寝室であろう［Q］。結果的には、2つの部屋の間仕切を外し、レストランのメイン・ダイニングとして大幅に改造されたが、造付け書棚を改造した壁面、中庭に面した建具、窓台を兼ねた放熱器囲いなどが当初の雰囲気

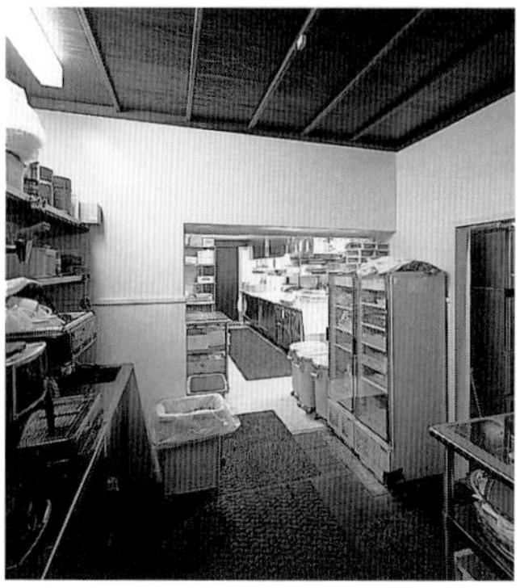

P 新たにレストランの厨房に生まれ変わった保存グレードcの夫人室。前室の棹縁天井は、和風の部屋であった当時の様子を伝えるために残された

を伝えている。基準設定の段階で、「活用」上の便を考慮すれば、書斎および寝室の部屋をグレードbとすることはやむを得ないとの判断があったのであろう。和室の夫人室は、児童相談所のころより大幅な改変が加えられ、原型を止めていなかったという判断から厨房に変更された［P］。

今回の基準は、どちらかというと借り手の便宜を考慮し「活用」に力点をおいたものと考えられる。都が抱えるさまざまな文化財の維持管理が財政を圧迫していることは事実であり、経営的に自立しない文化施設は極力なくしたいとする都の姿勢は今回の基準設定にも少なからず影響を及ぼしている。たとえば、今回の修復工事基準表によると、外装においては、グレードa、b、cのいずれについても「建具既存撤去、再製作、建具枠は補修の上、再塗装」となっており、かなり大胆な現状変更も可能とされているのである。「基準」は解釈によって大きな違いが生まれ、施工者のレベルによっても異なった結果を生むことになる。結果的には、旧小笠原邸がそうした暴挙を免れ、最小限度の改修に止まったのは、

Q かつての書斎と寝室は、レストランの主ダイニングルームに変更された。保存グレードb。天井が低く感じられるのは、以前、2部屋であったものを1部屋としたことによる。
正面の飾り棚は、書斎の造付け書棚に手を加えたもの

R 以前の台所は、建物の公開性に応えるため、ギャラリーに生まれ変わった。保存グレードd

何よりも借り手の見識と、費用削減の方針が幸いしてのことであった。

お金よりも手間をかける

旧小笠原邸の新しいオーナーとなったのは「インターナショナル青和」の社長竹内秀夫氏である。表参道で洋館を改装したカフェ「bamboo」を経営していることで知られる。この店も、もともとは竹内氏の生まれ育った住まいを改装したものであり、幼少より西洋館に慣れ親しんできた経歴の一端を伺わせる。大学卒業後、南米において貿易関連の仕事に従事、欧米から流入されてくる骨董品を数多く目にしたことが、古器物への開眼のきっかけであったという。いわゆる「目利き」として感性は、そのころから磨き上げられてきたものであろう。改装された小笠原邸には新たに買い求めた多くの様式家具が置かれているが、いずれも趣味のよさと眼の確かさを示している。

2001年の夏に始まり、1年余りをかけて行われた修理工事は、竹内社長を中心にして行われたという。施工担当者として本間建設の名が挙がっているが、竹内社長の主導で進めやすいように、分離発注形式を採用し、豊富な人脈を通じてさまざまな職人が集められた。その一人ひとりと意見を交換し合いながら、オーナー自らが実質的な現場監督の役割を担った。毎日のように現場を訪れる竹内社長の意向を受け、設計および監理を担当したのはワン プラス ワン アソシエイツ（現ワン・プラス・ワン）の國武陽一郎氏である。

また、文化財の修理工事に伴う専門的知識の欠如を補うため、豊富な経験をもつ民間の設計事務所「建文（建築文化研究所）」（福田省三社長）にも協力を仰いだ。

「使えるものは捨てない」というのが竹内社長の基本方針のひとつであった。壁、床、天井からドアのノブ、建築金物に至るまで、この方針を貫いた。今回の工事は“修復”ではなく“修繕”であるという考えのもと、自らが手に汗をして修繕することを楽しまれた。竹内社長の発案で、インターネットで募ったボランティアによる修繕作業も行われた。建築に興味をもつ20名近い人々が集まり、保存運動で活躍していた平井ゆか氏らと一緒に、金物の錆び落しや床・家具の雑巾がけなどを手伝った。

近年の保存再生事例をみると必要以上にお金をかけ過ぎているきらいがある。古いものに愛着を抱き、使い続ける姿勢こそが保存再生を成功させる一番のポイントである。今回の事例は、“金をかけるよりは手間をかける”ことの大切さを示唆している。

今後とも庭園の整備など、これからも“手間をかける”作業は続けられていくはずである。推定5億とも3億ともいわれる工事費用と10年間の借用期限という枠のなかで、建物の価値をどこまで経済的価値として利用できるのか。竹内社長の手腕に期待がかけられている。

東京都によるPFI事業による保存再生の試みとしては、旧小笠原邸は成功例といってよい。しかし、この方式のもつ「諸刃の刃」的な性格には細心の注意が必要である。特に「修復工事基準」の策定にあたっては、研究者を含めての十分な検討が不可欠である。この基準によって成否が決定されるといっても過言ではない。PFI方式の場合、どうしても借受者が経営重視、活用重視の姿勢に傾いてゆくことが予想されるからである。

今回の成功例は、「基準」を上回るレベルの修復（修繕）を積極的に行う見識ある借り手との、奇跡的な出会いによるものである。今後も同様の成功が収められる可能性は決して高くない。

再　生　前

建物名	小笠原伯爵邸
所在地	東京都新宿区河田町10-10
建築主	小笠原長幹
設計	曾禰中條建築事務所
竣工	1927年9月
構造規模	RC造、地上2階地下1階
面積	建築面積：872.690m^2　延床面積：1,083.205m^2

再　生　後

建物名	レストラン小笠原伯爵邸
所在地	同上
建築主	東京都（発注者：インターナショナル青和）
総合監修	鬼島事務所 鬼島弘明
設計	ワン プラス ワン アソシエイツ（現ワン・プラス・ワン）國武陽一郎
竣工	2003年3月
構造規模	同上
再生工事費用	3～5億円

銀河館

藤木隆男建築研究所＋鈴木千里設計室（2005年）

レストランに再生したJ.コンドル縁の建物

旧湯河原町・吉浜洋館

土田卯三郎（1926年）

A 3階の広間と広縁。
補修程度で旧状をもっともよく残す。
さまざまな催しに活用されている

臆病なビフォー・アフター

「銀河館」再生の立ち位置

藤木隆男 FUJIKI Takao
❖
藤木隆男建築研究所

普段、古民家研究や古建築再生技術に特別強い関心や豊富な経験を持って設計活動しているわけではない私だが、このところいくつかの「建築の再生」の機会を得た。その「再生」の環境や構造は千差万別である。この「銀河館」も当初、クライアントの意志に基づき、古く、放置されていた木造洋館を「遺族の記念」として復活、再生させるという、私たちにとってはその目論見にシンパシーを感じるものの、「建築ストックの賦活、人や町の記憶の継承」という業務上のひとつの出会いのつもりであった。ところが実際に調査や作業を進めるうちに、そこに意外な事実またはその可能性が眠っていることが明らかになってきたのである。すなわち、J.コンドルの数少ない初期作品のひとつ、上野の「旧帝室博物館」に係る建築遺構である可能性である。その時点で私たちは設計の方向を大きく展開し、新たな設計魂を吹き込まれたのである。

「上野」当時のコンドルは、開国された近代日本に相応しい国家建築として、印度様式あるいは擬サラセニック様式を考えていたようであるが、「銀河館」が「上野」を引き継いだ可能性のある昭和元年建築の木造洋館であり、一方その「再生」のひとつの目的が、恵まれた海・山の幸を活かしたヘルシーなフランス料理レストランとしての活用であることは、私たちを少なからずアンビバレントな状態に追い込んだ。もしコンドルの遺構であるなら、その素材に出来る限り手を加えず、むしろ極力復元的方法によらねばならぬはずであり、他方現代のニーズ、テイストにあった商業施設として、十分に機能的に改造されなければならないわけだ。私たちのとった方法は、再生設計者として付加したり改造したりした部分を必ずしも際立たせず（再生成果をことさらに強調せず）多くの小規模な改造や設えに留め、そのことにより、おそらくコンドルを自由闊達に最初に活用したであろう先人の“昭和元年のオリジナル”に敬意を払い、間接的に“コンドルへのオマージュ”を表現しようとしたことである。

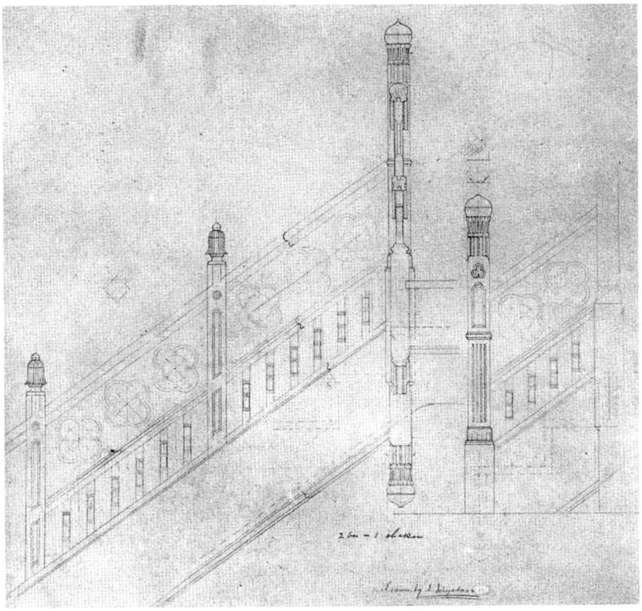

B ジョサイア・コンドル設計の上野帝国博物館の翼屋階段手摺詳細図。図を拡大した結果、柄の痕跡も含め、写真Cの銀河館階段親柱と重なり合うことが確認された
(『ジョサイア・コンドル建築図面集 I』川東義之編 中央公論美術出版)

C 階段のディテール。イスラム風の意匠をもつ親柱。
側面に手摺子の位置を変更したことによる柄穴の痕跡が見える

D レストランに改修前の
木造洋館のエントランスの様子(写真:北田英治)

E

F

G

H

I

E 1階レストラン部分。左手には玄関に通ずる大振りの扉。
隣接する飾り棚も当初からのもの。右手の部屋は、
以前は畳敷きの和室で、2枚の引戸によって区画され、
床は当初より段差がなくつくられていた

F 3階ホールの押入れの扉。禅宗様を思わせる意匠

G ラウンジとして使用されている2階南側の広縁。
上げ下げ窓の部分にパネルを嵌め込むことで、
各種の展示会や映写会にも利用できる

H 2階の個人的スペース。手前がダイニング、
右手奥がリビング。上げ下げ窓、広縁との境のガラス戸、
木製の引違い戸など、大きさや形の異なる建具が
不思議な雰囲気を生み出している

I 南側外観の見上げ。わずかに突出した2、3階外壁面が
木製金属張りの持ち送りで支えられている

J 2階階段室につながるホール。左手は押入れ、
正面は予備室、右手はダイニングルームへ通ずる扉。
それぞれ姿かたちの異なった扉が使われている

K 玄関。ホールより玄関を振り返る

J

K

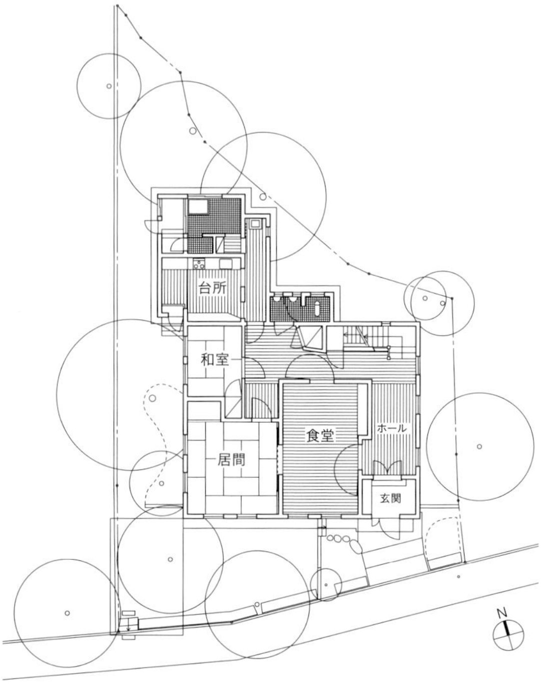

再生前1階平面図(S＝1：250)

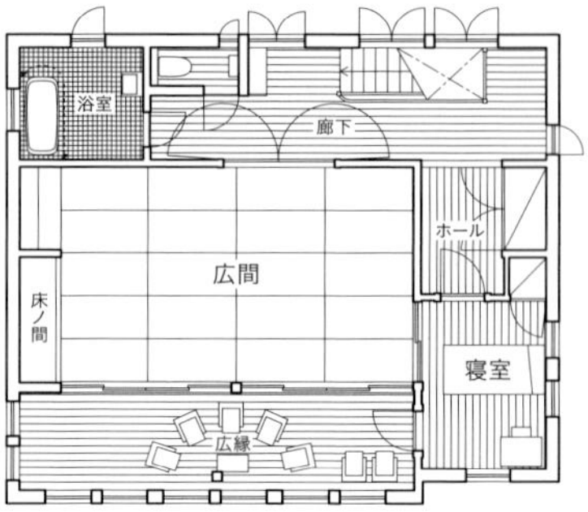

3階

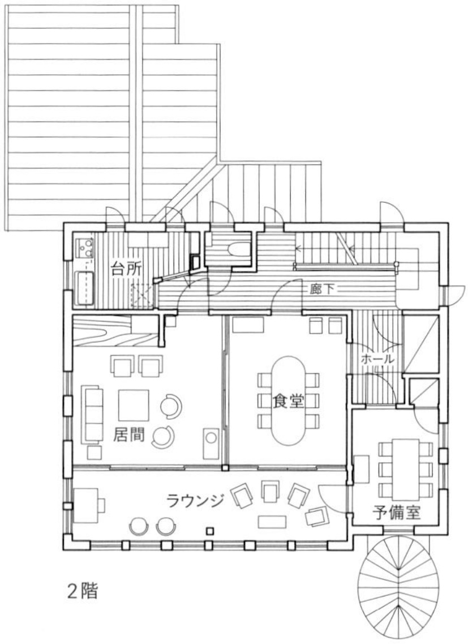

2階

断面図(S＝1：250)

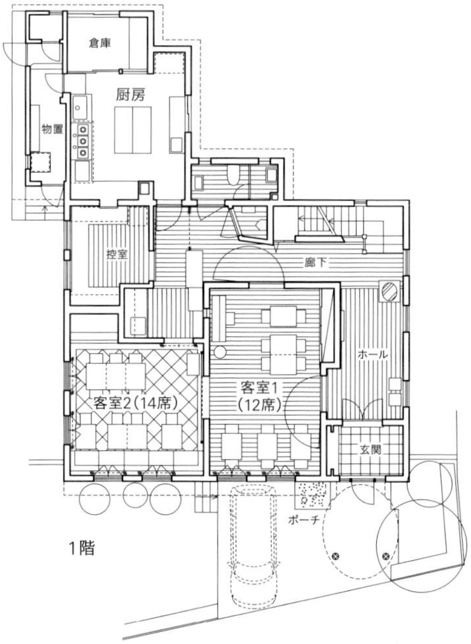

1階

再生後平面図(S＝1：250)

過去と現在を知ることから、未来への回路を探る

❖

大川三雄 OHKAWA Mitsuo

L 土田卯三郎氏
(写真提供：長谷川サミ子氏)

吉浜海岸は、伊豆半島と真鶴岬に囲まれた入り江の海岸で、景勝の地として知られている。その真鶴岬の付け根のあたり、吉祥院と小道地蔵堂に挟まれた敷地に瀟洒な洋館が建っている。建築史関係者にとって最大の関心は、この洋館が、日本近代建築の父と評されるジョサイア・コンドルの初期の作品「上野帝室博物館」(1880年)の部材を転用してつくられたものと伝えられてきたことである。

木造3階建、矩形平面の箱型形状に軒の出の少ない切妻屋根が載った端正な外観は、住宅・別荘というよりは療養所・保養所としての風情をもつ。海に面した南側は、2、3階の外壁面が1階の壁面から45センチほど突出しており、それぞれ6連ずつ計12個の上げ下げ窓が嵌められた大きな開口部が特徴で、1926(昭和元)年の洋館としては極めてモダンな印象が強い。

インテリアを特徴づけているのは全室に漂う不思議な不協和音である。それは、各部屋に使用されている建具が、開口、高さ共に寸法が異なっていることから生じており、何よりも雄弁に、この洋館が転用された建具の寄せ集めでつくられたことを物語っている。確かに、扉の多くは上野帝室博物館の展開図に描かれたものと類似しているが、決定づける根拠はない。決め手となったのはイスラム風の意匠をもつ階段親柱のデザインである。改修を担当した藤木アトリエと鈴木千里氏が、図面集に描かれた親柱を拡大して検討した結果、柄の痕跡も含め、現状と重なり合うことが確認されたのである。

建設の背景

この洋館は、1926年、脳脊髄病院の院長である土田卯三郎によって建てられた。土田は、立志伝中の人物である。1924年刊行の『奮闘努力 近代立志伝』(経済之日本社)には、酒屋の樽拾いから刻苦して我国医学界の権威となった人として紹介されている。1867(慶応3)年、岐阜県に生まれ、1887年に土田家の養子となり、苦学して医学の専門学校・済世学舎を卒業、一時期病院を開設するが、1901年には渡独し、5年間にわたって医療実務を学び帰国、1908年に医学博士となって土田脳脊髄病院を開設してい

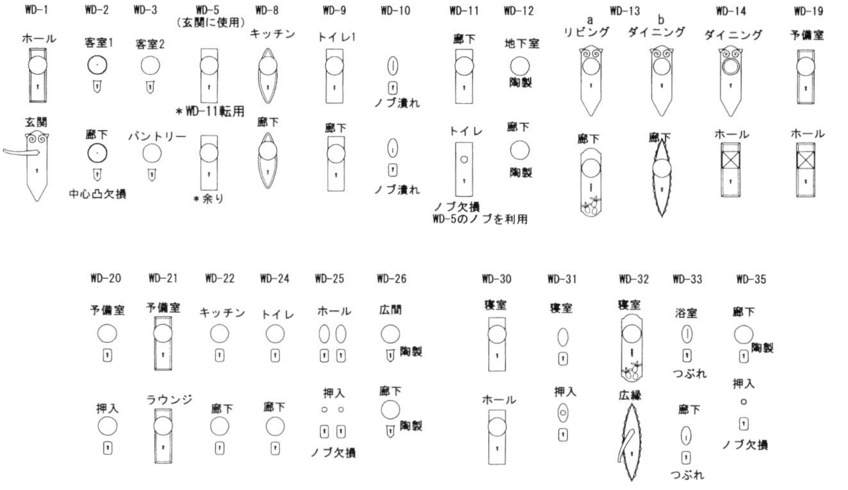

元の洋館に使われていた建具金物一覧

M 2階居間・食堂入口建具のドアノブ

る。大正天皇の侍医として宮内庁に出入りする医師でもあった。

1924年、上野にあった土田病院の震災復興がひと段落を終えた頃、倒壊した東京帝室博物館の部材が、売り出されるというニュースが流れた。『東京国立博物館百年史』によると、「大正13年10月には大破した煉瓦造の一号館、二号館、三号館の取毀しを決定、11月現状のまま売払を上申」したとある。この一号館がコンドル設計の本館である。払い下げの経緯についての記録はないが、土田が購入し、その一部は神田にあった土田病院の別院にも転用されたが、大半は、吉浜の洋館の部材として使われた。

吉浜の洋館は、その外観から受ける印象どおり、療養所として計画されたものである。基本設計から現場監理まで卯三郎自らが東京の大工を使って建てたもので、部材はすべて、川と海とを利用して吉浜まで運ばれたという。平面図を見ると、1階は診療室と住居、2階は小部屋形式の病室、3階は大部屋形式の病室を想定している。各部屋に洗面とトイレ、納戸と布団用の押入れを配し、南側の広縁は海に向かって開かれたサンルームとなっている。1階の窓には鉄製の面格子が嵌められ、3階の上げ下げ窓は、内開きの開き戸との二重ガラスとなっていた。この基本平面を元に、購入した帝室博物館の部材と建具を詳細に検討して、全てを無駄なく使う計画が考えられたのである。卯三郎は苦学の末に身に着けた厳格な経済感覚をもち、合理主義に徹した人であったという。

完成後は療養所として使われることはなく、家族や病院関係者の夏の保養所として利用された。卯三郎は、別れた先妻との間に長男がひとり、後添いとの間に一男三女をもうけているが、吉浜の土地と建物は長女の歌子に譲渡された。歌子は、のちに上野動物園の園長となる古賀忠道と結婚したことから、古賀家の家族や動物園の関係者などにも活用されていた。2度目の妻とその家族にとっては、1932年に他界した卯三郎の思い出を伝える唯一の建物であった。

戦後の動向

敗戦後の1949年3月、洋館は実業家の今田富雄氏に買い取られることとなった。今田は気鋭の実業家であり、美術工芸品の収集や建築などにも関心をもつ幅広い趣味の人でもあった。戦前期より、真鶴の近くに洋風の邸宅を構えていたことから、吉浜の洋館は家族の別荘として、また社員の厚生施設として活用する目的で購入された。

とくに娘たちにとっては、父と共に過ごした夏の思い出が残る建物であったが、今田が亡くなってからは、徐々に別荘への足が遠のき、近年は放置状態となっていた。建物の老朽化も進行し、外壁のみならず、室内の天井にまでツタが入り込むなど、悲惨な状態にあった。一時は取り壊しも検討されたが、話し合いを重ね、父親が残した唯一の建築的遺産を活用する方向が模索されていった。

富雄の長女で、衣食住の世界にまたがる幅広い生活美学の提唱者として知られる今田美奈子氏の発案により、レストランとして、またサロンとしてさまざまなイベントに活用していく方針が出された。幸いにも、住宅ではなく、療養所を想定して計画された間取りであったことが、レストランおよびサロンという機能に転化することを可能としたのである。

改修設計の試み

洋館の改修は、今田の友人を介して建築家・藤木隆男氏に依頼されることとなった。設計作業は、洋館の現状調査と平行して、その由緒を調べ上げる作業から始まった。本稿で紹介した内容の多くは共同担当の鈴木千里氏の調査によるものである。RC造

N 吉浜洋館「銀河館」外観。左手が小道地蔵堂、右手が吉祥院。矩形に切妻屋根の単純明快な構成。2、3階の南側開口部が特徴的

O 改修前のツタで覆われた外観
(写真提供:鈴木千里設計室)

の基礎は健全な状態にあり、小屋組にも異常はない。木製の上げ下げ窓は、一部に損傷の激しいものがあったが、大半は修復によって再利用が可能であることが判明した。雨戸を持たない木製の窓枠ながら腐食を免れたものが多い。海を眼前にした立地ながら、台風の日でも室内は驚くほどに静かであるという。おそらく、立地形態から生ずる風の向きなどが影響しているのであろう。

改修にあたって、設計者は、当初の雰囲気を生かすことで、オーナーの意図する個人のお宅に招かれたような雰囲気のレストランへの再生を試みた。

1階部分は、今田家時代になってからは、食堂(洋間)と管理人居室（12.5畳の居間と6畳の和室)、北側の水まわりで構成されていた。この管理人居室部分をすべて洋間に変更、食堂と一体化させることにした。当初より、床の段差はなく、床の間と棹縁天井をそのままに残すことで約100㎡の広さを持つ、和洋折衷空間のレストランとして生まれ変わった。明治期の建具や上げ下げ窓のディテールがそうした雰囲気の醸成に重要な役割を担っている。

2階は、床の間付の11畳と、10畳、6畳の3室と納戸（3畳半）からなる。すべての部屋の畳を取り外し、カーペット敷に変えられたが、天井は既存の棹縁天井を残している。1階のレストラン機能に対し、2階部分は普段は個人的なスペースとしての利用が考えられ、リビングとダイニング、予備室、そして南側広縁はラウンジとなった。しかし、この部屋はさまざまなイベントに対応できるような工夫もなされている。例えば、南および西側の上げ下げ窓に、パネルをはめ込むことで、2階全体を暗転し展示室や映写室として使うことができる。

3階は20畳敷きの広間をそのままに残し、2階の“洋”に対して“和の舗設”が演出できるようになっている。いずれの部分も、既存の状態を重視し、使えるものは使い、最小限度の補修に留めた。その上で色彩計画や照明計画などにおいて建築家ならではの繊細な神経が注がれている。

小さな洋館の改修工事ではあるが、その由来に興味を抱いた建築家が、はじめに取り組んだのは現況調査と歴史調査である。後者は、設計行為に直接的な影響をもたらすものではないとの認識が一般的である。しかし、歴史的建造物の保存再生にあたっては、このことが最も重要な点である。既存建造物の“現在と過去”を知ることによって、既存の建築の魅力と価値を見出し、その上で“将来（未来)”にわたって使い続けていくための方向性が導きだされるのである。

手頃な規模の洋館であり、建築家としてはもっと大胆な改修をすることも可能であったはずであるが、コンドルゆかりの洋館という史実が確認されたことが設計者の姿勢を決定付けた。過去と現在を見据えた上で、きわめて抑制の効いたデザインとしてまとめ上げられたのである。

銀河館（旧湯河原町・吉浜洋館）

所在地　神奈川県足柄下郡湯河原町吉浜1番地
設計　藤木隆男建築研究所、鈴木千里設計室
家具デザイン・制作　椎名啓二アトリエ
造園　富沢造園
グラフィックデザイン　寺山祐策事務所
施工　ダイレン
竣工　2005年6月
構造規模　木造3階建
面積　敷地面積307.82m^2　建築面積132.61m^2
延床面積332.78m^2（1階：132.6m^2、2階：101.69m^2、3階：101.69 m^2）
建蔽率　43.08%
容積率　108.10%
地域地区　準住居地域
［主な外部仕上げ］
屋根　既存カラー鋼板補修の上ガルバリウム鋼板瓦棒葺き
壁　既存目荒しの上アクリル樹脂プラスター吹付け
建具　既存木製サッシ補修の上SOP塗装
［主な内部仕上げ］
天井　客室1、玄関：既存漆喰に珪藻土塗り／客室2、リビング、ダイニング、予備室、寝室：既存棹縁天井清掃／広間：既存格天井補修清掃／廊下、階段、ラウンジ、広縁：既存板張りにEP塗装
壁　客室1・2、玄関、廊下、階段：既存漆喰に珪藻土塗り／リビング、ダイニング、ラウンジ、予備室：既存漆喰にクロス貼り／広間、広縁、寝室：既存漆喰にEP塗装
床　玄関：土間コンの上粘板岩貼り／客室1、廊下、広縁：清掃ワックス／客室2：畳撤去、下地調整の上400角タイル模様貼り／リビング、ダイニング、予備室：畳撤去、下地調整の上カーペット敷き／ラウンジ：既存床にカーペット敷き／広間：畳入替え
［設備］
冷暖房　電気式ヒートポンプエアコン（ダイキン）
給湯　ガス給湯機（ノーリツ）
［設備機器など］
建物金具　堀商店、ベスト
照明器具　遠藤照明、森川製作所／特注器具：椎名啓二アトリエ

米原市醒井宿資料館

林廣伸建築事務所（2001年）

来歴を読み解き伝えること

旧醒井郵便局舎
W.M.ヴォーリズ（1915年）

A 東につづく板塀をもつ和館は、
郵便局長の旧宅が保存再生された建物

修理現場にて

林 廣伸 HAYASHI Hironobu
❖
林廣伸建築事務所

三次元の建築は、時間軸を加えた四次元において初めて実存することとなる。その時間の永さによって歴史的建造物と呼称される。登録有形文化財の場合は、その物理的時間は50年以上であるが、これらは決して歴史的ではなく、その時間を内包する歴史そのものであり、歴史建造物と呼びたい。加えて、建造物はその場を得て地域性を確保し、絶対化される。ここに全ての建造物は唯一無二の存在となる。

歴史建造物は、その永い時間の経過のなかで、さまざまな改修を経ていることが多い。修復に際しては、まず、建物に残された痕跡などから、建築当初の形態とその改修の経緯を解き明かすことから始める。資史料や伝聞による場合もあるが、なによりも現場の各部材に残る痕跡が雄弁にそれを物語る。机上や仮想ではなく、現場や現物がもっとも信頼される。そこには本物が存在している。

修復の計画は、これらの調査に基づく復原と改修の経緯を踏まえて立案される。文化財修理においては、通常、創建当初への復原が多いが、時には建物の改変過程や屋敷構えの変遷も考察し、最も価値付けの高い時点を設定することも模索される。さらに今日的課題としての利活用が加わる。しかし、これらの併存は基本的に整合し得なし、現代人からの一方的な恣意に必ずしも応えてくれるとは限らない。場合によっては、その記録性を封印することも一つの手立てだが、先人に敬意を払い、一義的には保存を優先させたい。表層的な調和よりは対峙の方が明快だと思う。

文化財としての修復は、そういう意味において、いわゆる「再生」とは峻別されるべきであろう。歴史建造物はその時代の風を呈しているし、経過した時間の不可逆性は人智及ばざる世界なのだ。

……などと考えながら現場へ向かっている。

B 資料館入口まわり。特色のあるブラケットをもつ庇、上部の看板など復元された部分

D 展示室。かつて吹抜けだった箇所に床を張り、現在は展示室として利用されている

C 復元された電話ボックス

E 階段室北外壁面。創建時の外部仕様、下見板が残る

F 1915年（創建時）頃の写真。下見板張りの洋館でP.81下図のヴォーリズの設計案をもとにして建築された（＊）

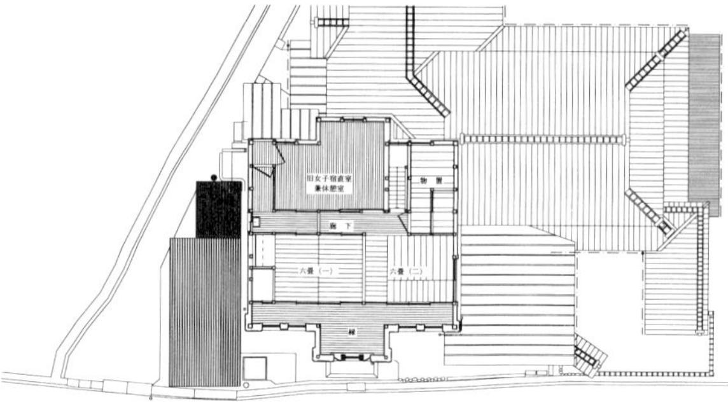

2階

G 1934年（改修時）頃の写真。
正面・東側外観（＊）

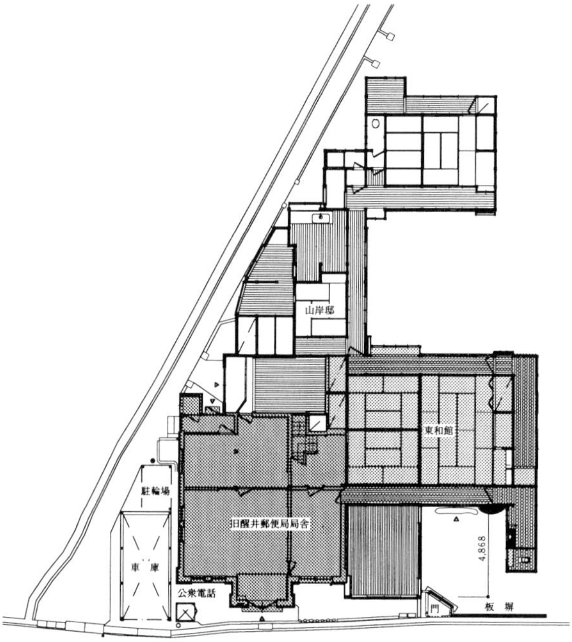

再生前配置図（S＝1：400）

H 1934年（改修時）頃の写真。
「玄関」から「旧事務室」を見る（＊）

I 昭和40年代頃の写真。
「旧事務室」南面をみる（＊）

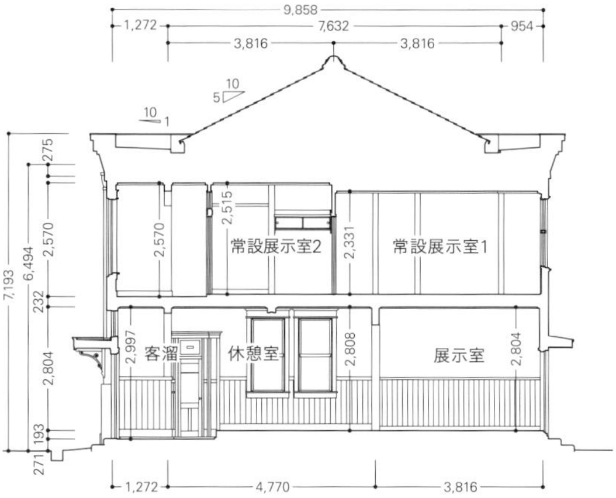

再生後断面図（S＝1：200）

＊資料：米原町教育委員会
『登録有形文化財旧醒井郵便局局舎修理工事報告書』
平成13年3月

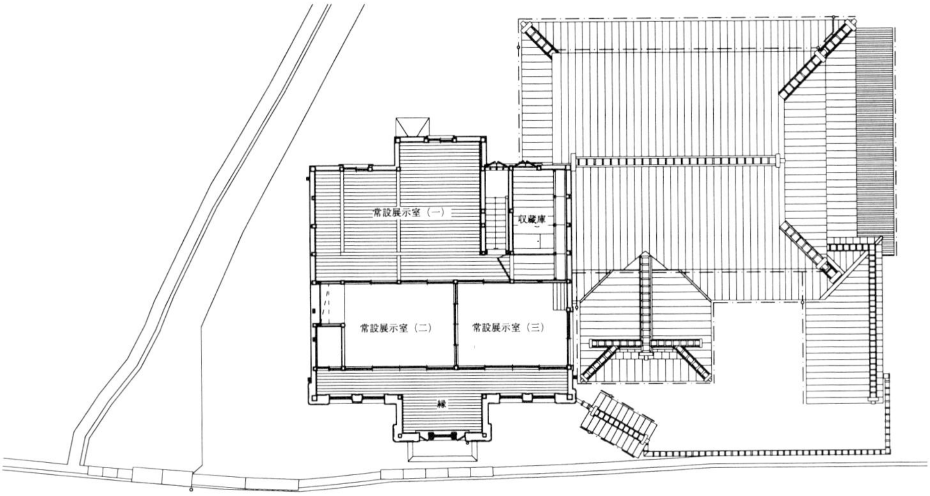

2階

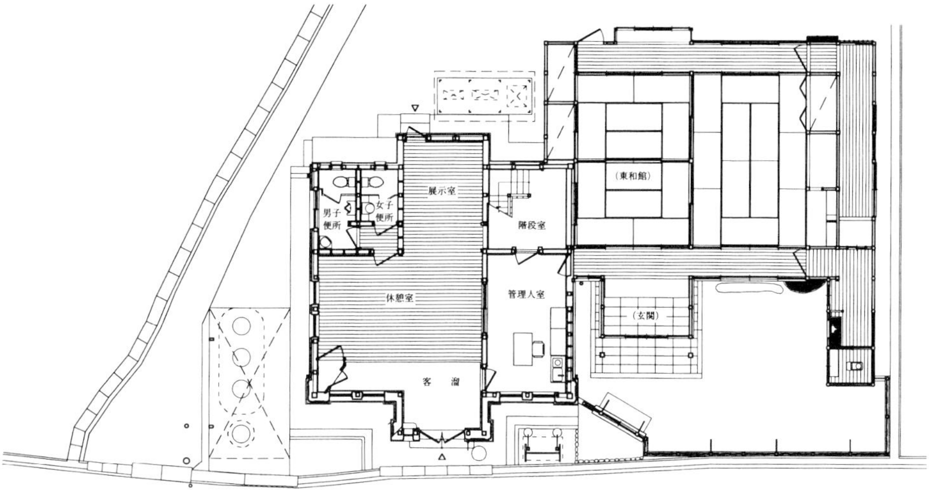

1階

再生後平面図（S＝1：250）

この度の修復では、当初復原ではなく、1934年の改修時に復することを目途とした。調査により、屋根や背面側外壁・窓など、多くの当初形状や痕跡が認められ、古写真に見られる当初建物の詳細が判明したが、多くはそのまま残存させ、手を加えていない。

一方、醒井宿のガイダンスセンター、文書資料の展示来訪者のための休憩施設などの利活用が要求された。そのため、1階では事務室・電信室境の間仕切り（後補部分）は撤去して1室とし、一隅に便所を新設した。明確な痕跡が見られたカウンターは電話器室を除いて復さず痕跡だけを明示した。管理人室（旧局長室）東外壁では昭和改修時とみられるベイウィンドウの痕跡が認められたが、住居部分が隣接しているため、この窓は復さず、基礎部の痕跡を保全した。また、住居部の門は写真により旧位置に復した。なお、外部の掲示板・自転車柵や正面外壁の看板は古写真を参考にした復元であり本来性はない。

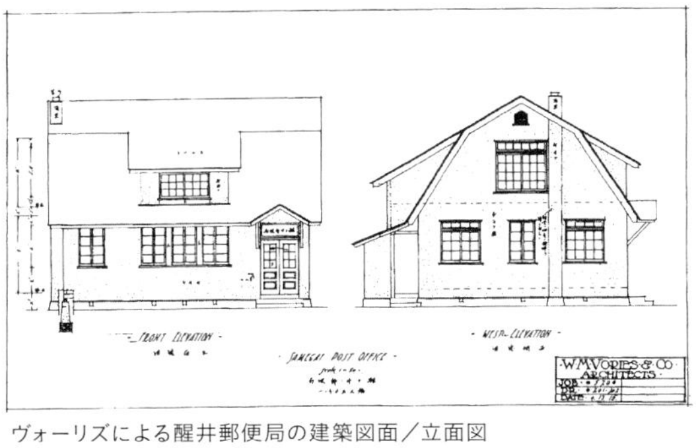

ヴォーリズによる醒井郵便局の建築図面／立面図

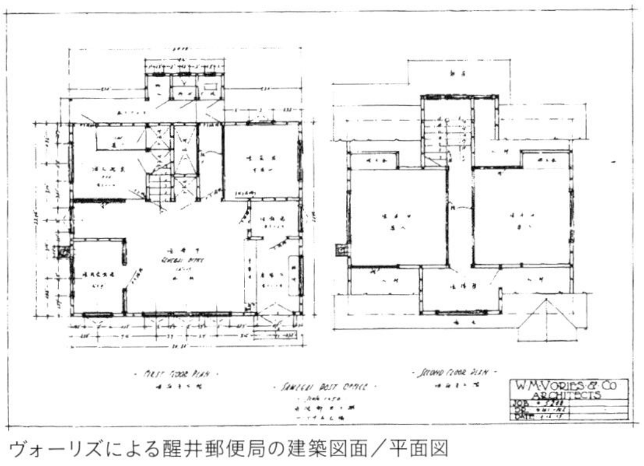

ヴォーリズによる醒井郵便局の建築図面／平面図

米原市醒井宿資料館

Samegai-Juku Museum of Maibara City

J

K

L

J 再生された1934年の醒井宿資料館。
軒高7mほどの小さな建物だが、
バランスが良く近づくと意外と大きく見える

K 2階6畳和室とサンルーム。
6畳の和室2間は平素展示室として
活用されている。落ち着きのある和室と
明るいサンルームのつながりが心地よい

L 資料館1階南側。
カウンターは復元が見送られたが
当時の空気を感じさせる休息コーナーと
なっている。手前に展示コーナーがつづく

M 階段室

N 2階廊下につづく階段。
2階はサンルーム以外を
真壁・棹縁天井としている。
和洋の組み合わせた意匠が特色

O サンルーム

M

N

O

行政、所有者、設計者の連携が町の文化遺産をつくる

❖

山形政昭 YAMAGATA Masaaki

街道の歴史を語る郵便局

醒井《さめがい》はかつて米原の東に位置した中山道の宿場町。古来より養老山地の麓に湧き出る清水が処々にあり、街道筋にある「居醒の清水」が地名の由来となっている町である。そして今も旧街道筋には宿場時代の問屋場（町指定文化財）など歴史のある建築や民家がよく保持されている。そして駅より延びる大正通りに赤い筒型のポストが立つ洋風の建物がある。玄関上部のアーチ型の高窓の上には、古風な郵便局の看板が掲げられているとおり、元郵便局の建築で2000年に整備され、「米原市醒井宿資料館」として再生活用されているのである。外壁コーナーにアカンサス飾りの柱頭をもつピラスター（付け柱）を配した古典様式の洋風建築であるが、間口四間半、2階建のこぢんまりとした町の歴史館という佇まいであり、年季の入った元郵便局の建物はこの町並みによく溶け込んでいる。

なかを覗くと、1階は旅の訪問者のための休息コーナーとして、またこの建築の原設計者ウィリアム・メレル・ヴォーリズとこの建築説明のコーナーがある。気さくな管理人さんの案内で2階に上がると、ふたつの和室を中心に歴史資料「江龍文書」や宿場町醒井の歴史、そして地蔵川の清流風景を紹介する展示がみられる。そして見学者のもうひとつの発見は、道路に面する縁側のようなサンルームからの街道風景で、誰しもが安らぎと懐かしさを覚える場所となっている。

またこの洋館の東に接して入母屋造平屋建の和館がある。元局長を務めていた山岸家の居宅の一部で、十二畳座敷など、そして門塀を備えた前庭があり、種々の催しや町内の集会にも供されている。つまりこの資料館は和洋館をもつ多用途の施設として活用されているのである。

謎を残す建築の来歴

東海道線が通じ、醒ヶ井駅が設けられたのが1900年、その翌年に、当地で薬種業を営んでいた山岸家によって店の一角で郵便事業が始められていた。その後、駅に近い現在地に新しい局舎を建てることになり、山岸憲雄氏は大正初期にどこかで知己を得ていたヴォーリズに設計を依頼したものとみられている。その縁は明らかでないが、ヴォーリズはかつて彦根中学で英語を担当していたことがあり、氏が建築設計会社を始めたことを耳にしていたのかもしれない。ともかくヴォーリズ合名会社（1920年よりヴォーリズ建築事務所）による原設計と目される2枚の建築図面が伝えられている。

しかしその設計は現存する建物と相当異なるものであり、さらに1934（昭和9）年の建築説もあるなど謎の多い建築であった。そうしたところ、米原町で1999年より始められた「醒井の里づくり事業」でこの建物が着目され、その詳しい調査と整備計画が進められたのだった。

1915年創建の建築

瓦葺き寄棟屋根で外壁下見板張りの一見古風な洋館、これが、ヴォーリズの設計案をもとにして1915年11月に建てられたものだった。コロニアルスタイルの腰折れ屋根をもつヴォーリズの設計案とは異なり総2階建て、下見板張り、瓦葺き寄棟屋根の建築となっているが、写真で見る出入口や窓の配置など、1階の間取りはヴォーリズの設計どおりであったことが分かっている。それが1934年に正面外観など、かなりの改造を経て現在に伝えられていることが明らかになった。つまり、外壁回りの柱など主要な部材、瓦葺き寄棟屋根、そして今も北面に残る

下見板張りの外壁など、1915年創建時の部材が多く残っていることが確認されている。その後、1922年には東北部に瓦葺き入母屋造の居宅が増築されている。その日本家屋は大工棟梁西村嘉三郎によることが棟札の記録で判明したが洋館との関係は明らかではない。

1934年の改築

昭和に入り、郵便、保険、電信電話、為替と業務も拡大したことと、東北に接して建てられていた居宅とのつながりを改善するため、1934年に大改築が行われた。主な改築内容は、玄関及び客溜りを正面中央に設けること、南東に局長室を設けたこと、中央の奥にあった階段室を北東隅に移して、居宅の座敷とつなげたことなど。外観正面を擬石モルタル洗い出し仕上げとし、外壁をパラペット状に立ち上げ、柱頭飾りをもつ付柱を付してクラシカルな洋風デザインへと一新されたことである。

この改築の設計者について、実はよく分かっていないが、軒のコーニス（持ち出し蛇腹）を単純化し、アクセントとして黄土色タイルの帯を入れるなど、モダンなセセッション式意匠を心得ていること、そして全体のバランスの良さなどからみて、ヴォーリズ建築事務所による可能性も高いが確認はされていない。

その後65年の間に数度の手が入れられ、1973年には郵局が新局舎へ移った後、この建物は居宅の一部として維持されてきた。そして1989年に行われた県の近代建築調査に取り上げられ、町の歴史的遺産として評価され、1998年に至って登録文化財に認定され、その活用が望まれていた。

修復再生計画

今回の調査と修理計画は、米原町教育委員会の下におかれた文化財建造物修理整備委員会の指導によったものであるが、直接に調査と修復設計を担当した修復建築家、林廣伸氏の真に熱心な働きのあったことを記しておきたい。調査の最中に僕も二度訪ねたことがあり、氏から興味深い発見をいろいろ教えていただいた。屋根に〒マークの鬼瓦のあったこと、元の階段室が吹抜けの電信室へと変わっていたこと、腰板に残る切込み穴からカウンターの大きさや珍しい電話ボックスの形状が分かったこと、創建時の照明灯具の跡が残されていることなど、そうした調査と発見の積み重ねが、この建築を文化財的価値あるものとしているのである。

この建築の再生が歴史的近代建築活用の好例と思われる点は、基本的な復原時期を現在の地域景観に根付いている1934年の改築時とする原則を決め、修理に際しては残された材料、資材を尊重し、オーセンティシティーという歴史的価値の継承を第一に行われたことであり、また活用のためにはトイレなど必要な設備の導入や、構造補強の工夫が十分検討されたこと、建築空間をよく生かした柔軟な計画が進められたことである。つまり、町に開かれた歴史的建築として、その継承を図る熱意と、過剰に巧まざる技法が心地よい場所を生み出しているように思う。

小さな歴史的建築であるが、先導役としての行政そして所有者と設計者の連携が実を結んだ成果として注目したい。

米原市醒井宿資料館（旧醒井郵便局舎）

所在地	滋賀県米原市醒井592
設計	林廣伸建築事務所
施工	たちばな建設
	大工棟梁：三陽工業／石工：ベーシック／屋根：セッタ／左官：川村左官店／建具：川島木工所／板金：ナカセ／展示：ニホンディスプレイ
改修	竣工：1915年11月
	改築：1934年2月
	改修：2001年3月
構造規模	木造2階建
面積	建築面積：71.90m^2
	延床面積：143.80m^2（1階：71.90m^2、2階：71.90m^2）
地域地区	近隣商業地域
［主な外部仕上げ］	
屋根	桟瓦葺き一部銅板葺き
壁	正面壁、柱型、腰、軒蛇腹：人造石洗出し仕上げ／側面・背面：ドイツ壁
開口部	正面出入口：両開硝子戸（木製、O.P塗り）／窓：上げ下げ硝子窓（木製、O.P、O.S塗り）
［主な内部仕上げ］	
天井	客溜、休憩室、展示室1、管理人室：漆喰塗り／階段室、展示室2、3：棹縁天井
壁	客溜、休憩室、展示室1、階段室：漆喰塗り／腰壁：竪羽目板張り（O.S.C.L／OP塗り）／管理人室：漆喰塗り／展示室2、3：色土壁、畳寄せ
床	客溜：モルタル押え／休憩室、展示室1：縁甲板張り／管理人室：板張の上、カーペット敷き／階段室：縁甲板張りの上、カーペット敷き／展示室2、3：畳敷き

旧忠田邸

アーク建築設計事務所（2003年）

ヴォーリズ住宅を楽しむ店舗空間

旧忠田邸

W.M.ヴォーリズ（1937年）

A 手前に旧忠田邸、隣接して平屋建のカフェ、
そしてアプローチを介してレンガ造りの外観をもち、
洋菓子の製造・販売などを行っている
クラブハリエが建っている

ヴォーリーズ建築と新店舗、カフェテラス、イングリッシュガーデンの構想スケッチ ARK.A.A.T.Horiuchi

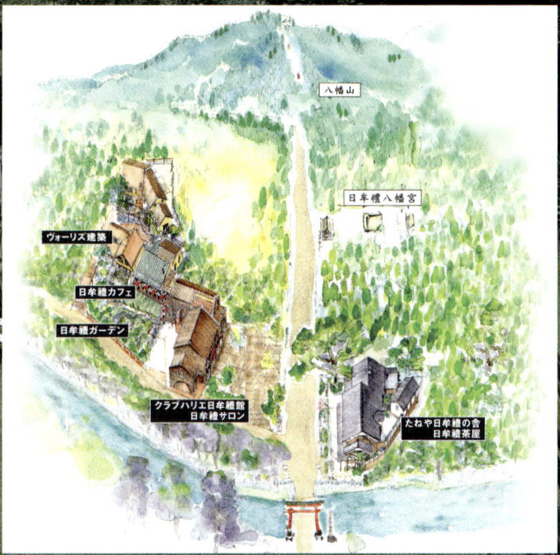

近江八幡の歴史性を生かした、「たねや」の日牟禮ヴィレッジ構想。水路の手前は伝建地区、日牟禮八幡宮境内の背後にはなだらかな八幡山を抱く（画：堀内恒夫、提供：たねや）

近江の土壌の深さが幸せな空間を支える

堀内恒夫 HORIUCHI Tsuneo
❖
アーク建築設計事務所

「私はどうも近江が好きである」と司馬遼太郎は近江の民家のたたずまいの良さは、大工の技倆や感覚が抜きん出て決定的な美の規準をもっていると言い、また商家の白壁と舟板壁の大屋敷の連なりが伝統を踏まえ、互いに他に対して控え目でしかも瀟洒な家を建てる施主、大工を含めた近江の土壌の深さに感じ入ると続けている。

近江平野の豊穣な景観のなか、近江八幡西端の鶴翼山に抱かれた日牟禮神社の境内と商家の連なりの一画は他の街に抜きん出て彫りが深く自然と建物の釣り合いよく歴史が重なる。近江商人たちは他国稼ぎで得た富を地域に還元して、「陰徳善事」を重ねて、この地の繁栄を支え続けてきた。

「最善のもてなしで八幡への恩返しをする店をつくりたい」と先達近江商人の心意気に連なる、山本徳次社長の思いを形にしてこの参道に和のシンボル店日牟禮の舎が結実していた。ヴォーリズ住宅が建つ地を含めて参道の南側に洋菓子のシンボル店クラブハリエ日牟禮館をつくる計画、「たねやの生まれた近江八幡を絵になる街に再興し、つくりたてのおいしいお菓子を庭を愛で花を慈しみながらゆったりと味わう場をつくりたい」、この社長の思いを全体の物語とブロックプランに入れこむ2期目の設計作業が始まった。

賑わいの場として参道に面した広い広場、ガラス越し目の前に菓子づくりを見せる菓子工房と売場を配して、その通路の先の光に導かれて、秘密の花園にも似た四季の花咲き誇る庭に出ると、庭の右にコンサバトリに模したガラス屋根のカフェ、奥に進んで特別室の住宅空間でゆったりとお菓子を味わう、その最上のくつろぎの場にヴォーリズ住宅の各室を使わせていただく。住宅は当初の姿そのままに忠実に再生することに全力が傾けられた。近江の職方たちは先人たちがそうしたであろう確かな腕で見事に修復した。心地よく、柔らかで、親密な空間、ヴォーリズ住宅での寛ぎはかけがえのない幸せな時間である。

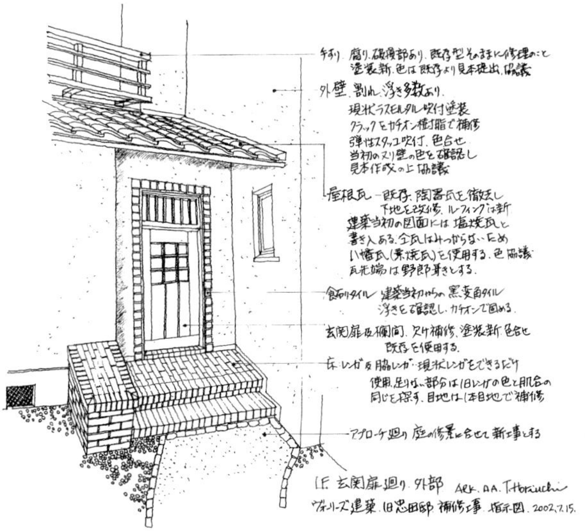

B

C

B 新設したカフェの内部

C 旧忠田邸と新設のカフェをみる

D 1階居間　左手は、藤棚を抱くポーチに面している。
淡い翡翠色の大理石を野石積みにした暖炉は、
ヴォーリズにしては珍しい造形。一方、壁上部を水平にめぐる
ピクチュアレールはヴォーリズ得意の手法である。
全室で、隣接するカフェで供するお茶やお菓子を頂ける(予約必要)。
改修については大引と根太の一部を取り換え、
床落ち部分の下地を調整・復旧。
居室の仕上げについては、基本的に浮き部を撤去し、
表面剥離を処理した上でプラスター塗りとしている。
建具類は既存を補修、家具は新規に入れた

D

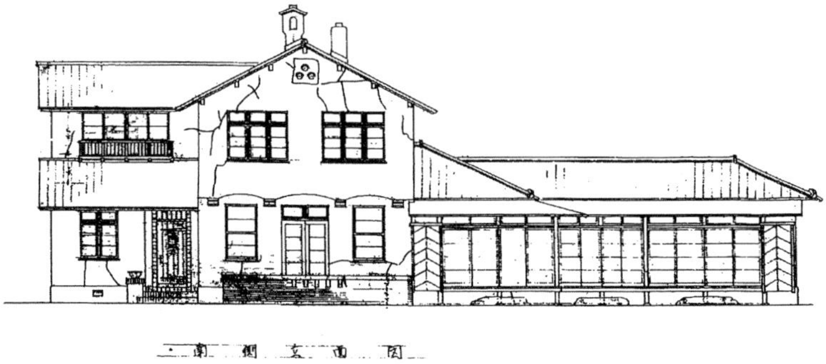

再生前立面図
ひび割れ調査の時に起こした図面。
このように右翼には平屋建があった
（提供：一粒社ヴォーリズ建築事務所）

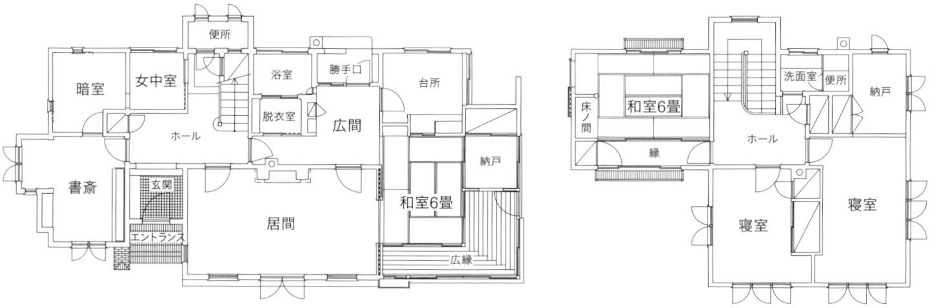

1階

2階

再生前平面図（S＝1：300）

E 旧忠田邸南面外観。
1937年創建の住宅を、2002年末から改修。
人気を博している和菓子の「たねや」が
旧忠田邸を含めた周辺の土地を購入し、
たねやグループの総合的な拠点として、
2003年に「日牟禮ヴィレッジ」をオープンした。
構想を立てたたねや社長の山本徳次氏は
この地で育ち、幼い頃はヴォーリズ建築の並ぶ
洋風住宅街の塀の上を駆けていた
という逸話の持主で、ヴォーリズ建築には
並々ならぬ思い入れがあったという

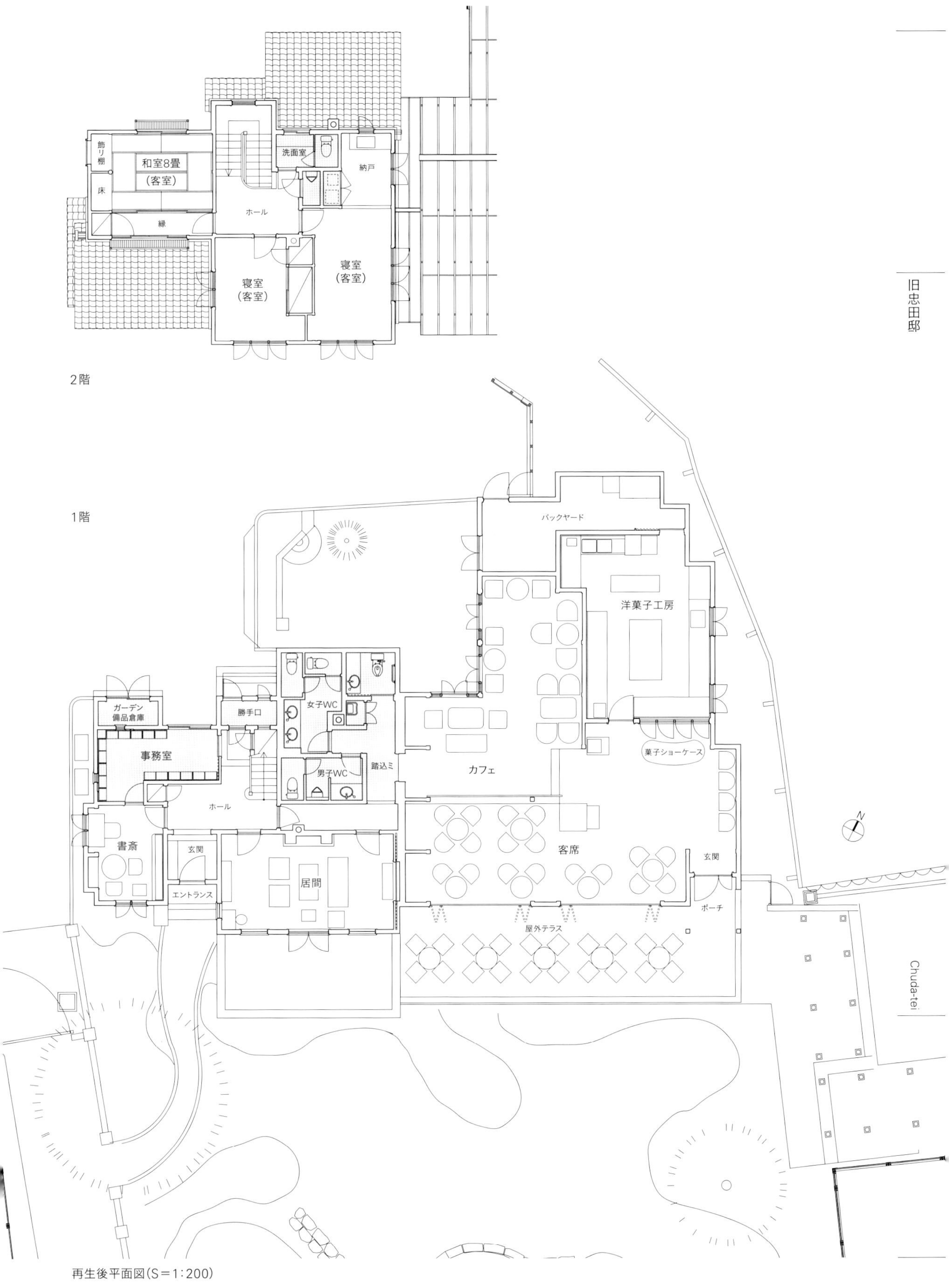

再生後平面図(S＝1:200)

「ヴォリ建さん」作品の息づく土地

❖

石田潤一郎 ISHIDA Junichiro

旧忠田《ちゅうだ》邸は、1937（昭和12）年に大阪朝日新聞社の重役であった忠田兵蔵が建設したものである。所在地は滋賀県近江八幡市。その地名のもととなった日牟禮《ひむれ》八幡宮境内のすぐわきに建つ。ヴォーリズ建築事務所の設計である。2001年に菓子メーカーの株式会社「たねや」の所有となり、改修を経て2003年にたねや日牟禮ヴィレッジの一角を占めることとなった。

ウィリアム・メレル・ヴォーリズは1880（明治13）年にアメリカ合衆国カンザス州に生まれた。キリスト教の伝道師を志した彼は、1905（明治38）年、日本へ派遣されることとなり、滋賀県近江八幡の八幡商業学校の英語教師として赴任する。伝道活動への反発が学校内外に起き、1907年3月、彼は解職される。自活の方法を探さなければならなくなったヴォーリズ青年は、建築設計に生活の道を求めることを決意する。1908年末に京都YMCA会館建設の監理を引き受け（設計はデ・ラランデ）、このときから本格的に建築家としての道を歩みはじめる。1910年には建築設計を業務とするヴォーリズ合名会社の設立に踏み切り、翌1911年6月には、念願の近江ミッションを設立する。正式には近江基督教伝道団といい、その名が示すとおり、キリスト教の宣教活動のための組織である。

ヴォーリズ合名会社（1921年からヴォーリズ建築事務所）はオフィスを軽井沢、東京、大阪に構えた。しかし、ヴォーリズは「近江八幡は世界の中心だ」と唱えて、本拠はあくまでも八幡に置いた。八幡市民もヴォーリズとその作品を愛したし、近江ミッションの人々の清貧を貫く暮らしぶりも尊敬された。ヴォーリズ事務所は「ヴォリ建さん」と略して呼ばれるほどに日常的な存在となっていた。なお八幡市内には28棟もの「ヴォリ建」作品が現存する。

ヴォーリズと市民との接触も濃やかであった。今、近江八幡市の伝統的建造物群保存地区に子どもから花束を捧げられるヴォーリズの銅像が立つ。その姿は演出めいているが決して虚構ではなく、日常的に見られた光景であった。今回取り上げる「日牟禮カフェ」のクライアントである「たねや」とヴォーリズとのつながりもそうしたなかで生まれた。元々は和菓子屋であったが、ヴォーリズ家の求めに応じてパンを焼くなどしたことから家族ぐるみで交際してきた。洋菓子づくりをはじめたのもヴォーリズ一家の勧めによるものという。

和とスパニッシュ調からなる忠田邸

忠田兵蔵邸は冒頭に触れたように1937年の建設で、木造2階建、一部平屋建、切妻造り桟瓦葺きである。南側に広い庭を設けて、玄関もそこに向かって開く。当初の間取りでは、2階建部分の1階は南側に暖炉をもつ居間を置き、玄関をはさんで西側に書斎、それに続いて写真現像用の暗室、女中室を配した。北側中央に階段室を置き、北東隅に浴室を設ける。2階はL形平面をなし、南側に寝室2つを置き、西側に床・違い棚を備えた6畳の和室を設けた。東側には平屋が続き、6畳和室と台所が置かれた。1940年頃に西側にさらに和室2室を増築し、東西に長く延びた形状となった。

F 再生前外観（写真提供：たねや）

G 1階書斎。家具は改修に際して
新しく購入している

I 2階には、邸内において唯一の和室がある。ヴォーリズはその著者『吾家の設計』では
和室を非衛生的と攻撃したが、実は和室を備えたヴォーリズ作品は多い。
彼自身、第2期自邸（現・ヴォーリズ記念館）では、茶室と座敷を増築している。
ここでも入側縁（いりがわえん）を巧みにも用いて違和感なく納めている

H 玄関。腰掛けを兼ねた靴箱は
ヴォーリズの作品にしばしば見られる

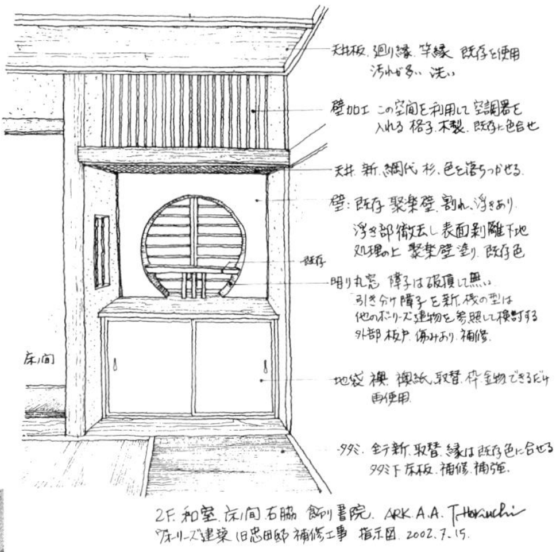

J 不思議なかたちの持送りは元来、
藤棚の桁を受けていた

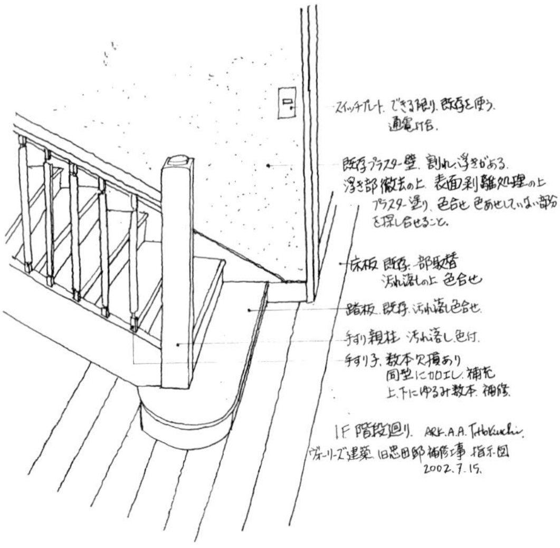

K、L 階段及び親柱と手すり子。
これみよがしではなく、
見ればみるほど味わい深さが感じられる
プロポーションをしている。
天井も、ヴォーリズに特徴的な
優しいカーブを描いている

様式的には白い大壁に赤い瓦、パーゴラ付きのテラスというスパニッシュ調であるが、アーチ窓などのようなはっきりした洋風モチーフは控えられて、むしろ軒桁に丸太を用いるなど和風の意匠を混える。

その後、忠田家は別に居宅を構えたため、古くからの友人であったたねや社長・山本徳次がこれを購入して活用を図ることになった。たねやは平成不況のただ中にあって飛躍的に業績を伸ばし、全国的にも注目を集める存在となっていた。それだけでなく先に触れたように、たねやにとってヴォーリズは特別の存在であり、ヴォーリズの業績の顕彰に努めていた。同社では近江八幡市内に建てられたヴォーリズ作品を陶器によって模型化した。失われたものも設計図から作成している。20を超える模型群からは同社のヴォーリズへの思いがひしひしと伝わってくる。それだけに忠田邸の再生には深く期するものがあったはずである。

M 2階寝室。天井には目立たぬよう空調設備が埋め込まれている。
建具は既存のものを調整し、そのまま使っている

「たねや」による日牟禮ヴィレッジ構想と旧忠田邸

山本徳次は1998年に、忠田邸の北方、日牟禮八幡宮の参道北側に、町家風の菓子舗である日牟禮の舎《や》を設立していた。日牟禮八幡宮は近江八幡一帯の氏神であり、近江商人が行商に赴く際に必ず参拝した神社であったから、日牟禮の舎はたねやの店舗のなかでも特別の存在であった。山本社長は、忠田邸購入を機に、参道南側での店舗展開を構想し、参道と忠田邸の間の土地を取得して、最終的に約2,800㎡の敷地を確保することとなる。

たねやは洋菓子部門の店舗クラブハリエを県内各地に展開していたが、山本徳次はこの忠田邸を核とする敷地での事業を考えるにあたって、参道に面してクラブハリエ日牟禮館を置き、忠田邸の平屋部分に喫茶スペースである日牟禮カフェを置く企画を立

案する。忠田邸の2階部分は1階を喫茶店の特別室とし、2階は「たねや近江文庫」に充てることとされた。「近江文庫」とは「近江の歴史や風土に関する幅広い活動をする」ことを目指した情報の集積・発信基地の計画である。さらに忠田邸の南庭は、同社が自家で野草苑を運営している強みを生かして四季の花々を楽しめる庭園に改造することとした。

こうした構想を、山本は用地取得がすまないうちからふくらませていた。これを受けて、日牟禮の舎の設計を1999年に完成させていた建築家の堀内恒夫と店舗デザイナーの和氣豊が商空間として具体化していった。最終的には、東側の平屋部分は老朽化が目立っていたこともあってすべて撤去し、新たに木軸の架構を活かしたカフェが設けられた。当初は平屋部分と2階建部分の南側壁面は揃っていたが、新築カフェでは当初の入側柱位置まで壁面を下げている。棟の位置は平面の奥行きを増した分、北寄りに下がり、位置も高くなっている。しかし保存された2階建部分とのバランスは非常に良く、ガラス屋根としたことも双方の違いをさりげなく伝えて効果的である。

保存されている2階建部分については基本的に補修にとどめている。当初の形態を大きく変えた箇所は、水まわりを除くと、1階北西部の暗室・女中部屋を書庫に改めたことと、新築のカフェからの上下足の切り替えのために浴室前の広間だったところを玄関としたことだけである。他の部分は文化財修理と同様の注意深さをもって修復を施された。外壁のモルタル、内装の漆喰ともにひび割れと剥落が目立っていたが、丹念に補修された。木部も再利用に努め、腐朽した箇所もエポキシで固めて使いつづけている。ただ、家具はオリジナルのものが残っていなかったため、新たにアンティーク家具を購入している。

旧忠田邸と新築施設は2003年11月に開業し、従来からの日牟禮の舎をあわせて「日牟禮ヴィレッジ」と名付けられた。その後、たねや近江文庫は愛荘町のたねやグループ本部内に移り、これによって旧忠田邸は2階も1階同様、日牟禮カフェの特別室として用いられることになった。

近江八幡市民にとって、「ヴォリ建」は日常的な存在であり、他地域におけるような豪華さを誇る性格のものではなかった。忠田邸もそうであって、ヴォーリズの代表作として知られる大丸ヴィラやマッケンジー邸などとくらべると、実に小規模で、かつローコストにできあがっている。和風の混淆もこの建物のカジュアルさを物語っていよう。かえってそれだからこそ、ヴォーリズ住宅の原形質——肩にそっと手を置いてくれるようなおだやかな寸法感覚や装飾性、あるべきものがそこにある的確な平面計画——が際だつ。

日牟禮カフェでの忠田邸再生の最大の美点は、ヴォーリズを奉っていないことである。日常のたたずまいの中に自ずからにじみ出るヴォーリズの魅力を信頼して、ことさらな演出を押しとどめる。それは建築家と建主がこの建築を真に理解していることの表れにほかならない。

ヴォーリズ建築(カフェ特別室／旧忠田邸)+日牟禮カフェ

所在地　滋賀県近江八幡市宮内町243
原設計　W.M.ヴォーリズ
再生設計監理　堀内恒夫／アーク建築設計事務所
家具、照明、カフェ什器、内装設計：和氣 豊／匠
施工　アキムラフライング・シー
大工：末永製作所／左官：江口左官工業／瓦：栄畑瓦商店／建具：中畑建具／電気：尾上電機／設備：山本管工／造園計画：山本徳次、倉田郁夫／造園施工：たねや農場愛四季苑、宝山園
創建　1937年
竣工　2003年10月
構造　木造
面積　延床面積　旧忠田邸(1階：創建当初113m^2、解体部分21.6m^2、2階：67m^2)、増築カフェ部分(1階：151.75m^2)

［主な外部仕上げ］
屋根　既存陶器瓦撤去し下地改修、ルーフィング、素焼瓦葺き
壁　既存ラスモルタル吹付塗装をクラックをカチオン樹脂で補修の上、弾性スタッコ吹付け
外部建具　木製建具新規制作(色、形状は当初のまま)

［主な内部仕上げ］
天井　既存プラスター塗りを浮き部撤去、表面剥離下地処理の上プラスター塗り
壁　既存プラスター塗りを浮き部撤去、表面剥離下地処理の上プラスター塗り　和室／既存聚楽壁塗りを浮き部撤去、表面剥離下地処理の上聚楽壁塗り
床　既存フローリング洗浄、部分補修

［主な設備機器］
内部建具　既存建具を調整・再利用、既存金物修理・再利用、一部取換、当初の色に塗装調整
照明　一部既存使用、他は当初に似せて製作または取換え
スイッチ・コンセント　すべて取換え、新規部分を含めすべての配管・配線を隠蔽の上壁の補修
空調　すべて新規に設け、本体は壁・天井に埋め込み格子のみを露出、色は壁・天井と同色

山中温泉・芭蕉の館

パルテノン建築計画研究所（2004年）

蘇ったもてなし空間
——伝統的座敷空間の再生

旧五明館（1905年）

A

B

C

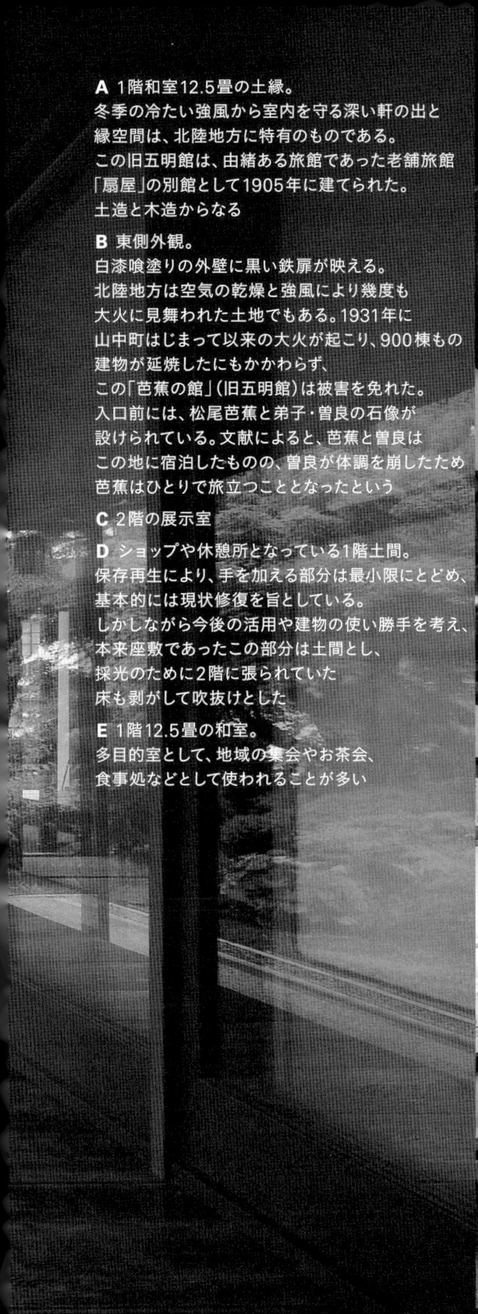

A 1階和室12.5畳の土縁。
冬季の冷たい強風から室内を守る深い軒の出と
縁空間は、北陸地方に特有のものである。
この旧五明館は、由緒ある旅館であった老舗旅館
「扇屋」の別館として1905年に建てられた。
土造と木造からなる

B 東側外観。
白漆喰塗りの外壁に黒い鉄扉が映える。
北陸地方は空気の乾燥と強風により幾度も
大火に見舞われた土地でもある。1931年に
山中町はじまって以来の大火が起こり、900棟もの
建物が延焼したにもかかわらず、
この「芭蕉の館」(旧五明館)は被害を免れた。
入口前には、松尾芭蕉と弟子・曽良の石像が
設けられている。文献によると、芭蕉と曽良は
この地に宿泊したものの、曽良が体調を崩したため
芭蕉はひとりで旅立つこととなったという

C 2階の展示室

D ショップや休憩所となっている1階土間。
保存再生により、手を加える部分は最小限にとどめ、
基本的には現状修復を旨としている。
しかしながら今後の活用や建物の使い勝手を考え、
本来座敷であったこの部分は土間とし、
採光のために2階に張られていた
床も剥がして吹抜けとした

E 1階12.5畳の和室。
多目的室として、地域の集会やお茶会、
食事処などとして使われることが多い

D

E

内面的価値の再現

喜多英幸 KITA Hideyuki
❖
パルテノン建築計画研究所

この建物は広い庭園、庭園を望む雁行型の濡縁など和の情緒あふれる空間を有している。旅館としての増改築が数度にわたって行われ、建設当初の形が変更されていた。また使用されなくなって数年を経過したため雨漏りなどによる劣化がかなり進んでいる状況であった。

再生の基本的な考え方は、建築当初の姿にできるだけ戻すこと、建築材料は既設の材料を再使用すること、用途変更による間仕切り換えは既設と同じ材料を使用すること、庭園は景石の配置等の変更は一切加えず、荒れている状態の修復と僅かな植栽の追加にとどめることなどとした。そしてこの建築の内面的価値である、かつてここに逗留し、人生のひと時をここですごした多くの人の懐かしい思い出の再現である。

平面計画としては、囲われていた濡縁の囲いをすべて取り払い、本来の庭園に面した雁行型に戻し、鉄筋コンクリートで増築された浴場とダンスホールの解体、帳場と厨房に利用されていた部分を吹抜け土間の資料展示室とした。その他事務所、便所は建屋内に新設したが展示室は全て客室をそのまま利用している。原則床の間などもそのまま展示スペースとして利用している。

具体的な修復としては屋根の葺き替え、棟石は地震時を考慮して棟木にボルト留めとした。大屋根瓦は地場産の赤瓦を再使用、耐火を考慮し瓦下地の荒土は全て残してある。外壁は竹小舞土塗壁下地漆喰塗りで修復し、鉄扉のなくなった部分は同じ材料とデザインとし新設した。その他の建具は既存修理とし新設建具については既設の組子に合わせている。造作材は地杉に漆塗り、内部壁はジュラク土塗り壁を使用した。廊下などの板の間は既設松ムク板取り外しサンダーがけ塗装の上再使用。床下地は全て取り替え、柱の白蟻、腐食箇所を根継ぎおよび基礎石の補強を行った。玄関の下り棟の隅木が長年の風雪で折れていたが、修復できるように小屋裏へ入る入口が設けてあり、小屋組にも力を分散する考慮がなされていた。

F 特徴的な鉄扉。なくなったものはもともとの鉄扉にあわせてデザインした

G 東庭から雁行した縁側をみる

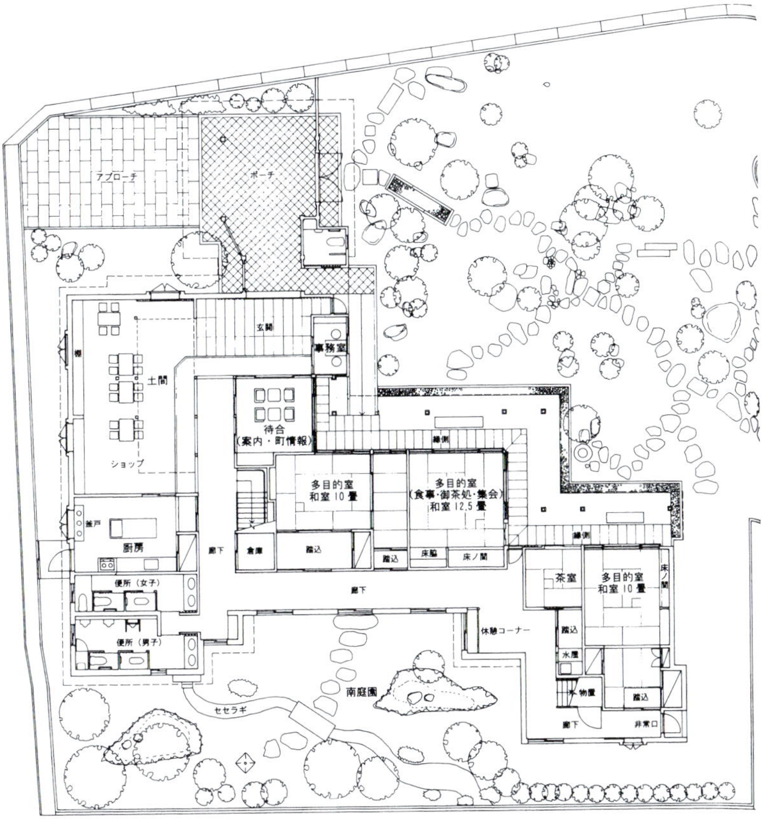

再生後1階平面図（S＝1：350）

再生前平面図(2002年の状態)
(S=1:550)

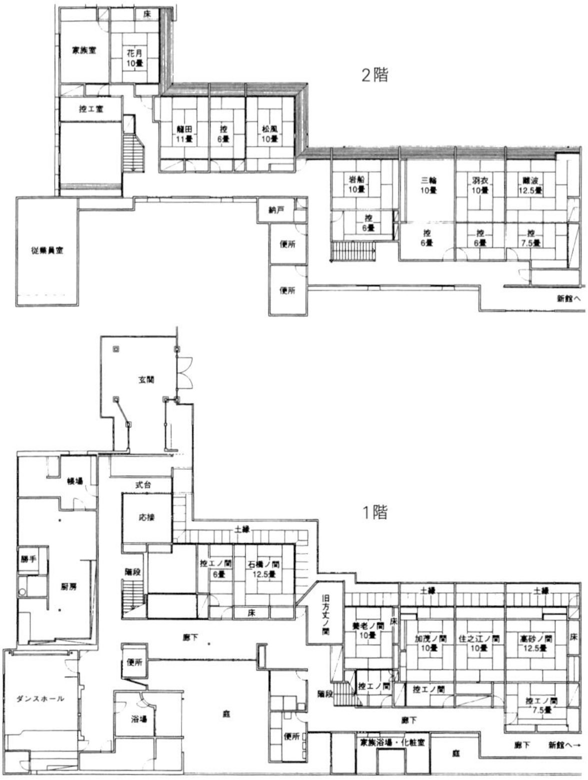
2階
床
家族室
花月
10畳
控工室
龍田
11畳
控
6畳
松風
10畳
岩船
10畳
三輪
10畳
羽衣
10畳
難波
12.5畳
納戸
控
6畳
控
6畳
控
6畳
控
7.5畳
便所
便所
従業員室
新館へ
1階
玄関
帳場
式台
応接
土縁
勝手
厨房
階段
控エノ間
6畳
石橋ノ間
12.5畳
床
旧方丈ノ間
土縁
土縁
養老ノ間
10畳
床
加茂ノ間
10畳
住之江ノ間
10畳
高砂ノ間
12.5畳
床
廊下
便所
ダンスホール
浴場
庭
階段
控エノ間
控エノ間
控エノ間
7.5畳
廊下
便所
家族浴場・化粧室
庭
廊下
新館へ→

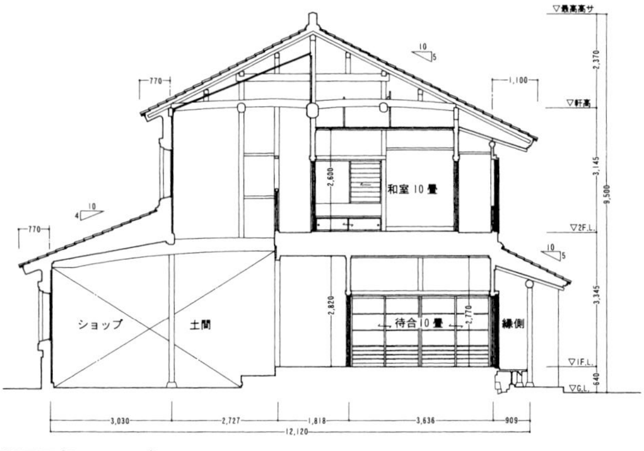
▽最高高サ
2,370
▽軒高
770
1,100
3,145
9,500
2,600
和室10畳
770
▽2F.L.
2,820
2,770
待合10畳
縁側
ショップ
土間
3,345
▽1F.L.
640
▽G.L.
3,030
2,727
1,818
3,636
909
12,120

断面図(S=1:200)

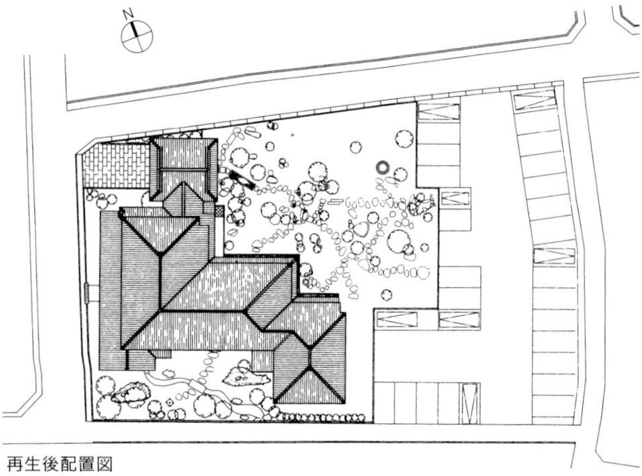
N

再生後配置図

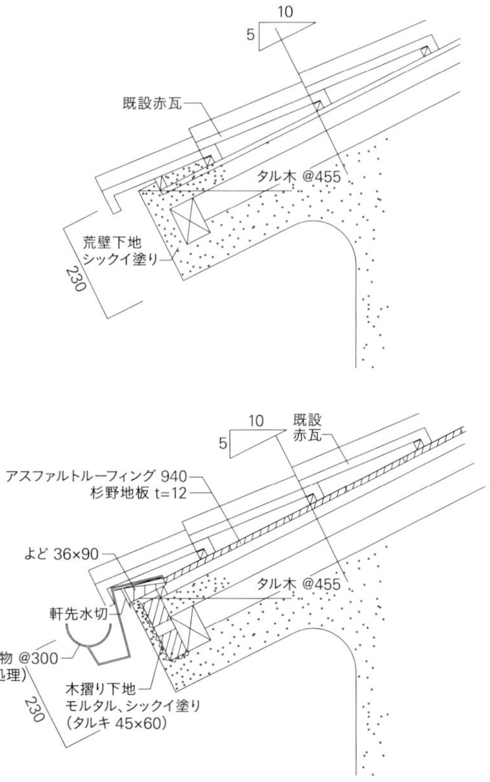
10
5
既設赤瓦
タル木 @455
荒壁下地
シックイ塗り
230
10
5
既設
赤瓦
アスファルトルーフィング 940
杉野地板 t=12
よど 36×90
タル木 @455
軒先水切
樋受金物 @300
(亜鉛処理)
木摺り下地
モルタル、シックイ塗り
(タルキ 45×60)
230

軒先詳細図

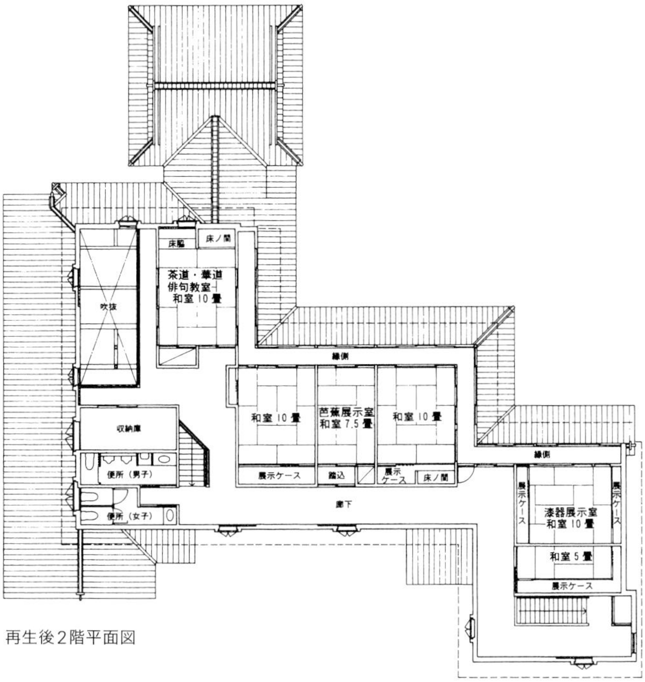

再生後2階平面図

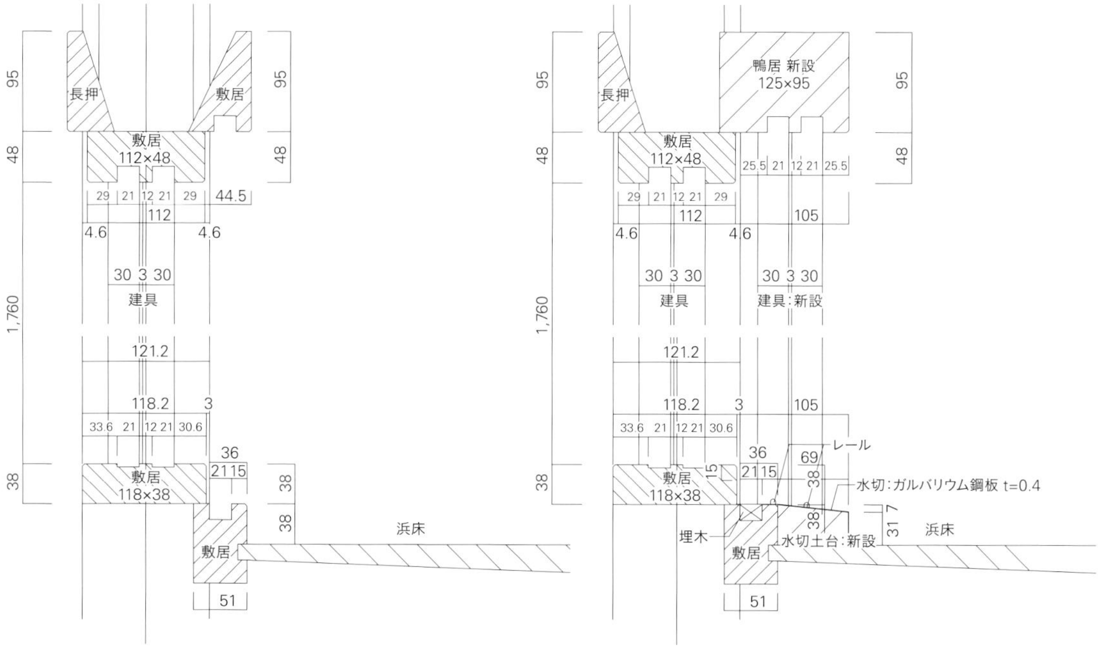

敷鴨居詳細図

H 2階の吹抜けに面した、10畳の和室。
茶道や華道、俳句教室に使われている。
壁の深い趣をもつコバルトブルーは、
金沢に特有の色である

I 2階吹抜け。
右手の歩廊、襖の奥が
上写真のコバルトブルーの和室、
下部が写真Dの1階土間になる。
改変は最小限にとどめる
との方針から、もともとは
和室であったこの空間も
床を剥がしながらも、
鴨居は撤去せず残すこととした

末長く緩やかに町に根付いていくための再生

❖

中森 勉 NAKAMORI Tsutomu

建物の由緒と特色

「山中や菊は手折らじ湯の匂ひ」。この句は、松尾芭蕉が「奥の細道」の旅の途中、石川県加賀温泉郷のひとつである山中温泉に逗留したときに詠んだ句である。

山中温泉がある山中町（現加賀市）は、急峻な山々と風光明媚な景勝地として名高い鶴仙渓のある大聖寺川に挟まれた小さな町で、温泉と漆器産業で栄えた町である。その小さな鄙びた温泉街の、総湯近くに芭蕉のゆかりの地にちなんで「芭蕉の館」と名付けられた建物が建っている。

建物は山中温泉の湯元である総湯周辺に展開していた老舗旅館のひとつ、扇屋《おうぎや》の別館「五明館《ごめいかん》」として、1905（明治38）年に建築されたものである。歴代の宿帳から明治の文豪・田山花袋や陶芸・料理などに長けた北大路魯山人らの著名人が宿泊していたことが知られている。ちなみに芭蕉は、この扇屋の隣接した旅館・泉屋に高弟・河合曽良とともに逗留している。なお、現在玄関前に設置されている二体の石像は、芭蕉と曽良である。2人は江戸・深川を発ってからずっと一緒だったが山中に来て、体調を崩した曽良だけ先に旅立つにあたって別れの挨拶を交わしている様子を再現したもの。

建物の外観的な特色は、入母屋瓦葺きの玄関ポーチが主屋から突き出た、特有の表構えをみせる。敷地は四方道路に囲われているが、南面と西面の外壁だけ白漆喰塗り、すべての開口部には鉄扉をはめ込んだ土蔵造りの構造で、大変珍しい2階建の建物である。

さて、ではなぜ「五明館」の建物が土蔵造りなのかである。創建時の建設経緯を示す基礎的な史料は残存せず詳らかでない。建てられた時期に関係するのではないか考えている。すなわち、明治末期までの北陸の主要な都市では、たびたび大火に見舞われていた記録がある。例えば、富山県高岡市では1900（明治33）年に大火に遭い、これ以降、県条例によって土蔵造りが奨励され、土蔵造りの町並みが出現し、現在国の伝統的建造物群保存地区に指定されている。この事例のように土蔵造りの建物は、古くから防火に適した造りであることが認知されていた証である。もちろん、「五明館」の建物は条例によって強制的に防火構造にしたのではなく自発的に行っている。そもそも土蔵造りにする目的には上述した、外部からの延焼を食い止めること。もうひとつは内部からの出火に対して、外部に火を出さないことである。特に、後者についてはこの建物の厨房まわりの厳重な造りをみると、それを強く感じる。しかもその備えが見事に功を奏した事故が起きる。それは1931（昭和6）年に山中町が始まって以来の大火に見舞われたことである。焼失家屋は900棟を超えたという。この建物の隣にあった燈明寺まで火が押しよせたが、何ら被害がなかったのである。大火の生き証人となった記念すべき建物である。

J 1階の4.5畳の和室

一方、内部は玄関広間を除いて1、2階とも和室の部屋が配され、すべての部屋は北庭に面するように、しかも各部屋は雁行型配置の構成でつくられている。特に北庭と各部屋は、1階においては深い軒の出をつくって土縁（濡縁）と繋ぎ、2階では北向きの板張り廊下から庭が眺められるように配慮されている。

元来、土縁空間は日本の伝統的な住空間の特色をなし、庭などの屋外空間と座敷などの室内空間とが融通無碍に出入りできるように工夫された空間である。土縁は深い軒を媒介して、その外部の自然と内部として住空間の接点として機能してきた。雨や雪がじかに室内に入り込まない役目を果たすと同時に、風はそのまま通すといった具合である。ことに北庭は、花咲く木々が太陽の方に開花するため、北面に格式の高い座敷を配して、上客に庭を堪能してもらうように作庭された。したがって、この建物の空間構成は、宿泊客に対して「もてなしの心遣い」を優先してつくられたことが窺い知れる。これに通じる例として、扇屋には厳しい家訓が存在したという。『山中町史』に紹介されている例を示すと、「主人心得之事」では客の資質によって差別せずに接客すること。また「床飾之事」では茶道や華道に通じる作法が記されている。まさに、接客サービスの範ともいえる内容のもので、客室・土縁・北庭といった侘び空間を譲成しているこの建物にその意気が見事に現れているといって過言ない。

大火を契機に温泉旅館の一部は鶴仙渓が望める崖地へと敷地を求め、旅館の規模拡大化を図るようになった。これと歩調を合わせるかのように総湯周辺は、空洞化が始まったと思われる。しかし、そうしたなかにあって、扇屋の主は、大火後も別館の「五明館」を本拠として営業を再開した。それは湯元の老舗旅館として発展してきた自負がそうさせたのであろう。

保存の経緯

「五明館」の建物が取り壊されるという話を耳にしたのは、2002年の年が明けてすぐだった。山中町では町中心部において、観光客のための駐車場が慢性的に不足していた。これが町の活性化を阻害している要因のひとつであった。そこで町では旅館を廃業して永く放置されていた五明館の敷地を購入し、建物を壊して観光客用駐車場にするという構想が、保存運動が持ち上がるきっかけであった。これまでの多くの事例から取り壊しの話が世間に公表された時点で、もう手遅れというのが歴史的建造物の辿る道程であった。しかし、結果としてこの建物が残ったのは町の有志らが、建物の歴史的・文化的価値を認識していたため、素早く保存運動を展開したからにほかならない。筆者も町の有志グループの末席に加えてもらい、建物の調査から保存・再活用に向けての検討会に至るまで見届けてきた。

保存・再生活動計画の基本方針

ひとくちに、保存・再活用を図っていくといっても、クリアしなければならない課題は多い。特に町の活性化として、すでに進行していた「南町ゆげ街道」の整備事業や「山中座」の新築などとの兼ね合いといった課題である。そして、「五明館」の建物に関わるハード面での課題。つまり、どこまで、どう残すか。新しい機能による改築・損傷箇所の修復手段など。ソフト面では施設の運営母体をどうするか。その財源をどう確保していくか。また建物の活

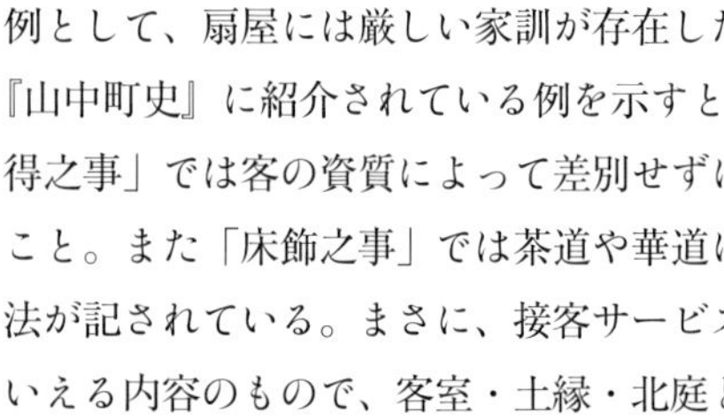

K 改修前南側外観（写真提供：中森 勉）

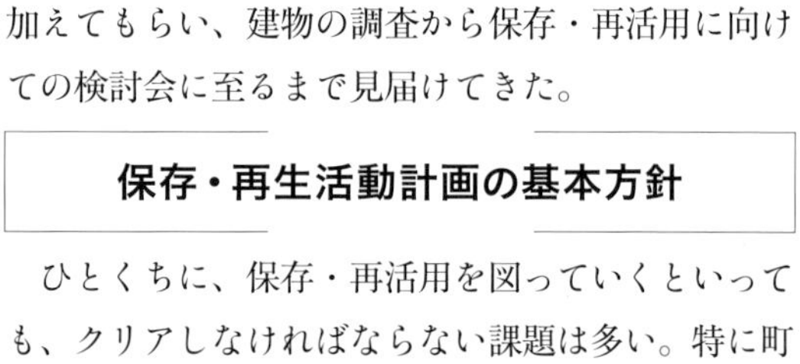

L 雁行した廻廊から庭をのぞむ（昭和40年代の絵葉書）
（写真提供：中森 勉）

M 道路の拡幅とともに修景整備された「南町ゆげ街道」

N あやとりはし（設計：勅使河原宏、水野一郎、撮影：中森 勉）

用範囲、活用方法（利用機能）等々であり、解決しなければならない課題は山積だった。そこで以下のような基本方針を立てて、整備工事が実施された。

ハード面では、①外観の継承及び復旧する。②内部は用途に応じて変更を認めるも、可能な限り現状を維持及び復旧する。③新しい機能を盛り込むことによって改変の必要性が生じた場合、最小限にとどめる。また明らかに後世に増築や改築がされている箇所は撤去し、その跡は旧状に戻すか、既存部分と違和感がないように納める。

そして、ソフト面では、利用対象者を観光客主体にした利用計画を図るのではなく、町民主体の利用を強く要請した。その理由は中・長期にわたって利用していくことで、観光客優先の固定化した機能で改修してしまうと5年後、10年後に利用の見直し、あるいは機能転換が生じた場合に改修費等の捻出が困難と考えたからである。そのうえ、創建当初に再現することで、先に述べた座敷と庭の佇まいによる和の空間を再構築することが、建物を保存した意義を高めると考えたからである。

以上のような基本方針に基づいて建物は整備され、2004年秋、風前の灯だった「五明館」の建物は、創建時の姿に近い風情に蘇り、「芭蕉の館」として新しいスタートを切ったのである。開館後は、保存運動で中心的な役割を果たしてきた町民有志らによって管理・運営され、茶会や句会を行う拠点として活用されている。もちろん、観光客が気軽に立ち寄ることができる空間も用意されている。既存の観光スポットである「あやとりはし」、「鶴仙渓」、「こおろぎ橋」、そして新たに加わった「南町ゆげ街道」、「山中座」、「芭蕉の館」という順に巡ることができる、回遊性のある観光ルートが形成され、なかでもこの「芭蕉の館」は絶好の休憩スポットになっている。

最後に、「芭蕉の館」の建物の保存・再活用がうまく成功した秘訣は、ハード・ソフト面におけるさまざまな課題を、綿密に町の有志たちと検討し、ただ保存を唱えるのではなく、最初から建物の再活用計画案を提示してきた点であることを指摘しておきたい。そして、再生したこの建物が地域活性化の一翼を担っていくことを祈念したい。

山中温泉・芭蕉の館（旧五明館）

所在地　石川県加賀市山中温泉本町2丁目二86番地の1
再生設計・監理　喜多英幸／パルテノン建築計画研究所
施工　ダイド建設
大工棟梁：大工中川／屋根：川本正瓦商店／左官：嶋中左官工業所／建具：山中建具協同組合／板金：元谷板金／造園：井野上正樹園
竣工　2004年9月
構造規模　木造2階建
面積　敷地面積　2,078.68m^2　建築面積　397.94m^2
延床面積　565.22m^2（1階：330.52m^2、2階：234.70m^2）
建蔽率　19.14％
容積率　27.19％
地域地区　指定なし
［主な外部仕上げ］
屋根　既存桟瓦葺き再使用
壁　漆喰
建具　木製建具、鉄扉付
［主な内部仕上げ］
天井　多目的室、展示室：既設杉中杢無垢板漆塗り、イナゴ天井／土間、ショップ：棹縁天井杉中杢板漆塗り（既存品使用）
壁　多目的室、展示室、土間、ショップ：ジュラク壁塗り
床　多目的室、展示室：床下地杉板厚15mm（既存品サンダー掛再使用）、下地畳敷き厚55mm／土間、ショップ：土間コン厚150mm豆砂利洗出し仕上げ

旧小熊邸

三井ホーム北海道（1998年）

移築保存の力は再生支援を表明した市民活動の存在

旧小熊邸

田上義也（1927年）

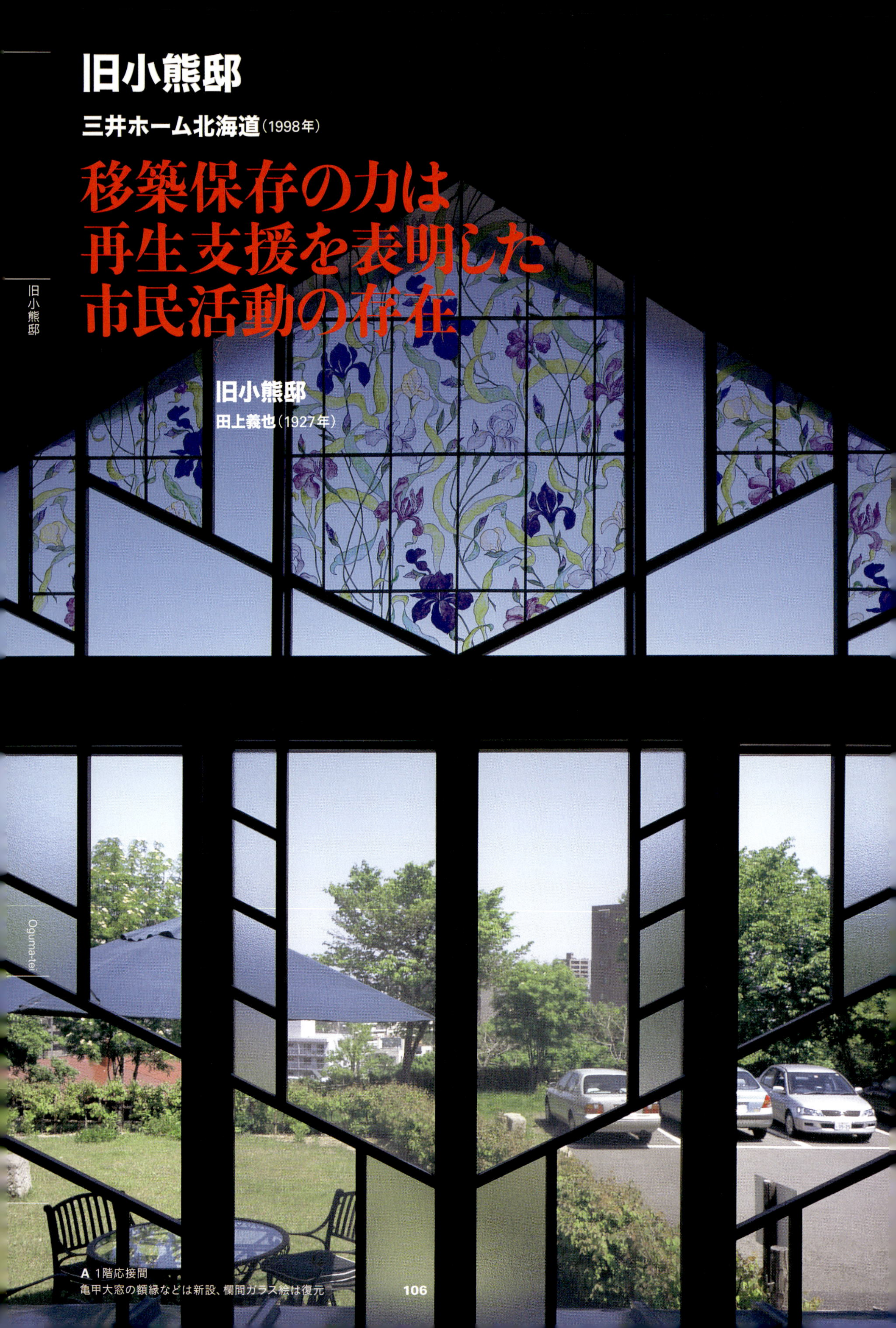

A 1階応接間
亀甲大窓の額縁などは新設、欄間ガラス絵は復元

B 1階旧居間とサンルーム。
窓建具や窓飾りは復元

C 外観
かつての南面は、敷地の関係上
北東面に向けられた

見て触れて珈琲も楽しめる歴史的建造物

佐々木知仁 SASAKI Tomohito
❖
三井ホーム北海道

この計画におけるテーマは「復元」と「再生」である。つまり、70年前に建った「住宅」としてのオリジナルを追求しながら、現代に使われてゆく「店舗」としての基本的な性能を十分に確保することである。

この相反しそうなふたつのテーマをいかに融合させ、実現していくかがこの計画の大きなポイントになった。現存している建物は、かなり増改築され原型が失われており、さらに建設当初の設計図も残されていなかったので、計画当初はオリジナルの外形すら確認できない状況だった。

そこで旧小熊《おぐま》邸倶楽部から資料提供を受け、ほかの田上氏の作品などを手がかりにしながら基本的な部分を決定していった。平面計画はもちろんのこと、ひとつの部材を決定するのにも、いろいろな角度からの検討が必要で、関係された方々と何度も協議を重ねて、一つひとつ慎重に決めていった。

工事が始まってからも手探り状態は続き、構造形状の変更による納まりの違いなどでイメージが変わってしまい、つくり直しが必要な部分も出てきた。

また、工事が進むにつれ、さらにインテリアにも検討が加えられ、それは建物が竣工されるまで続いていった。

実施設計者として、この「復元」と「再生」というふたつのテーマの融合を試みたが、それはこの建物に関わられた、たくさんの方々の希望をひとつにまとめる作業であった。

D 2階旧アトリエ。天井の押縁などは復元、収納棚はオリジナル

E 1階玄関ホールと階段。
階段や玄関額縁はオリジナル、
天井灯は復元。玄関斜路は、
後補とわかるように取り付けられた

F

G

H

F 1階旧応接間の照明具（復元）

G 1階応接間
菱形室内窓、集合煙突の灰取口はオリジナル

H 玄関風除室と2階旧アトリエ南面。
旧西面。れんが造プラントボックスは復元

I 2階旧アトリエ
現南側階段室を望む。菱形照明はオリジナル

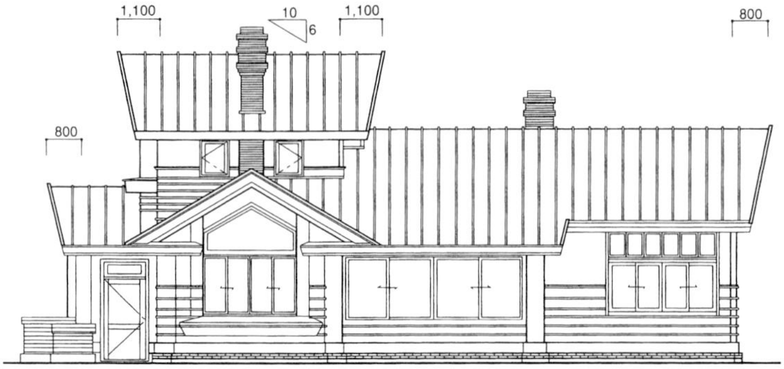

北東側立面図

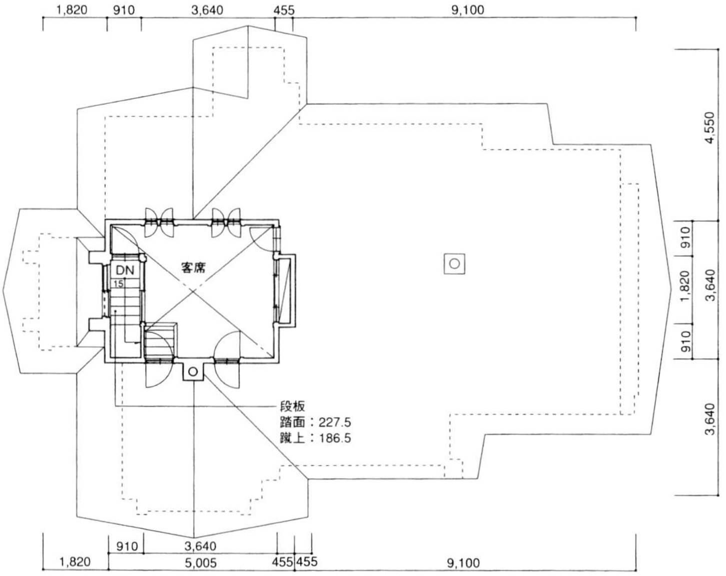

2階平面図

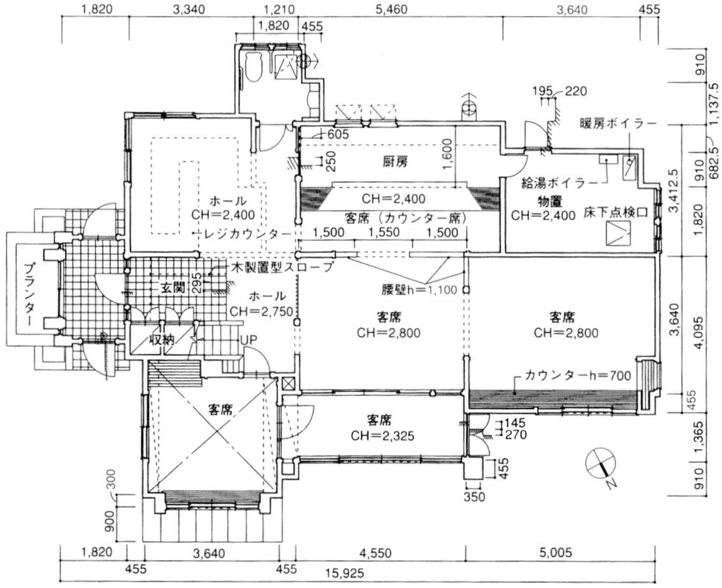

再生後1階平面図(S=1:200)

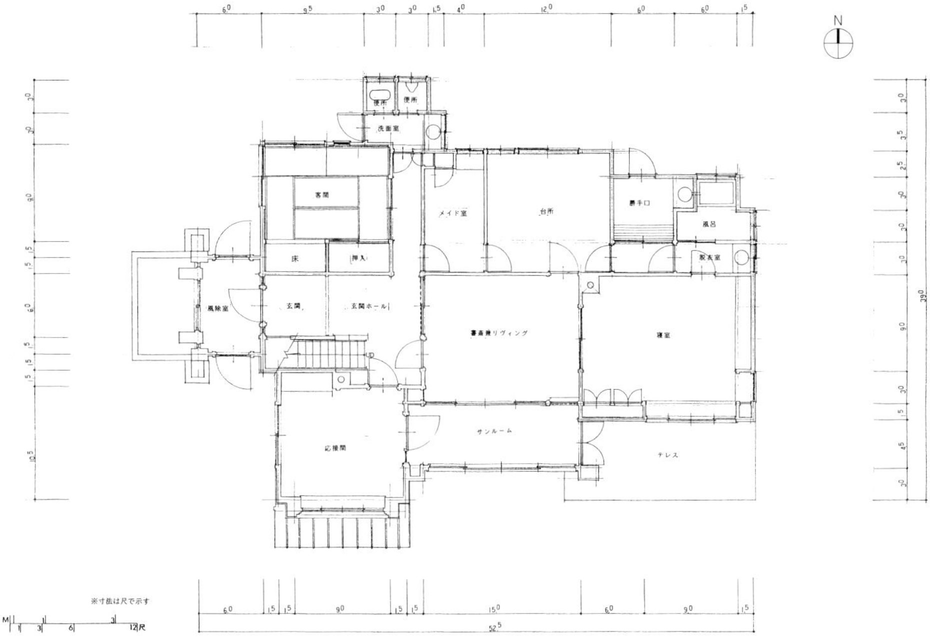

復元1階平面図
（1927年竣工当時に近い時期の平面図）

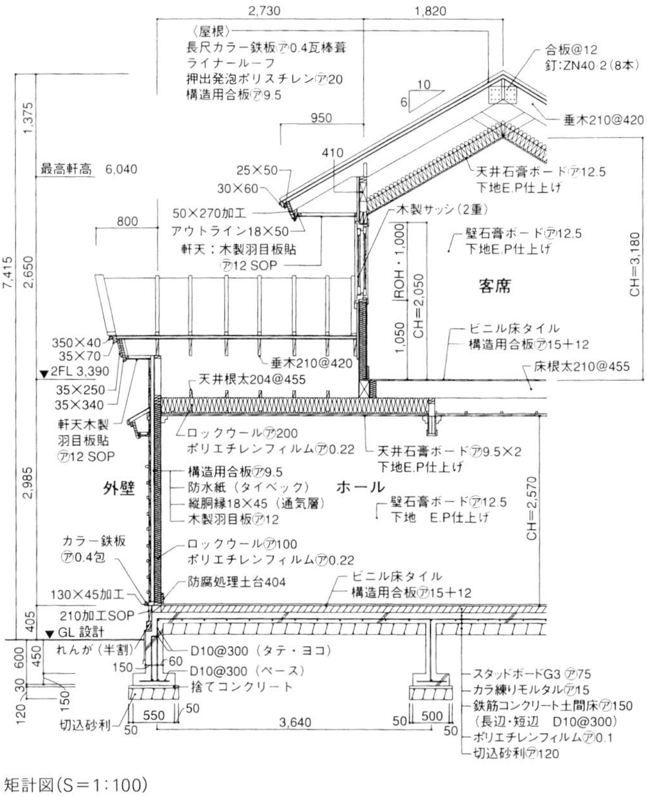

矩計図（S＝1：100）

パース図面（田上義也作成）

再生（店舗として実際に使用するため）のポイントは、建設地が積雪寒冷地の札幌であることが大きく影響し、構造の安全性と、快適な温熱環境の確保、そして店舗としての仕様設定である。
もっとも調整を要したのは、現代の構造基準を満たすため、メンバーが大きくなった構造材を用い設備配管用のスペースを取り、充分に断熱も行ったうえで、外形寸法・内部天井高などを決定することである。特に小屋組では、既存でも採用されていたバルーンフレーム工法に近い構造方式を取り入れて、オリジナルを追求している。

旧小熊邸再生と市民活動

角 幸博 KADO Yukihiro

歴史的建造物の保存に向けての市民活動は、敗退することが多い。そのような中、札幌の旧小熊邸保存活動は、保存か解体かという単純な対立図式でなく、市民も応分の負担・協力を当初から申し出て、さらに当事者、行政担当者、市民らが同じテーブルにつき、互いに納得のいく解決策を模索し、建造物の復元再生を果たした点で、注目すべき例といえる。

旧小熊邸の価値

旧小熊邸は、1927年に北海道帝国大学農学部・小熊捍《まもる》（1885–1971）博士邸として建築された［K］。設計は建築家の田上義也（1899–1991）、施工は札幌を代表する土木請負業者のひとりである篠原要次郎（1864–1940）であった。田上義也は北海道におけるフリーアーキテクト（自営建築家）のさきがけであり、アメリカの建築家F. L. ライトの弟子としても知られる。早稲田工手学校卒業後、帝国ホテルの建設事務所に入所し、ライトやレーモンド夫妻、兄弟子の遠藤新らを通じて、建築家のプロフェッションから日本建築の空間構成や日本美などに至るまでを学び、1923年の関東大震災後に北海道に渡った。以来、北の建築家として、さらに北海道の地域文化向上に貢献した文化人としても知られている。

彼は、ライトの建築制作姿勢や思想から大きな影響を受けつつ、1920年代にはライト風モチーフの色濃い作品を生み出すが、1930年代になると「雪国的造型」をキーワードに、ライト風からの離脱を意識しつつ自己様式を確立していった。

旧小熊邸が建っていた札幌市南1条西20丁目界隈は、旧札幌郡藻岩村大字円山村の一画にあたり、大正末から郊外住宅地として発展し、1941年札幌市に合併するまで、多くのモダンな郊外住宅が建設された。札幌の市街地形成を語るうえでも重要な地区であり、この地区を代表するモダン住宅のひとつが、この小熊邸であった。1951年の北海道銀行創設とともに社宅として購入され、初代頭取島本融（1904–76）が居住した。1975年からは、道銀円山クラブの一部として使用されたが、1984年ころからあまり使われなくなったという。

小さいながらも風格あるその存在は、1988年選定の「さっぽろ・ふるさと文化百選」にも選ばれている。文化百選は、市民の応募をもとに、歴史の重みを伝える貴重な文化資産として、後世に残すべきふるさと文化として、建造物のほか、遺跡、街並み、並木、生活用具、祭り・行事などを選定したもので、約半数の46件が建造物で占められていた。

J 竣工当初の太秦邸（写真：太秦家所蔵）

K サンルーム南側外観と池（創建時）（写真：田上家所蔵）

L 1階旧寝室部分。
開口部はすべて復元。
写真資料がほとんどなく、
復元は難航した

旧小熊邸再生への動きと「旧小熊邸を考える会」

1995年旧小熊邸の取り壊しが伝えられると、同年11月（社）日本建築学会北海道支部歴史意匠委員会および同歴史的建造物に関する研究委員会有志10名は「道銀円山クラブ建物（旧小熊邸）の保存に関する要望書」を当時の北海道銀行頭取および札幌市長宛てに提出した。

銀行側は、この要望書に対して、解体せざるを得ない理由、保存の困難さなどを説明する場をただちに用意してくれた。保存要望書の提出に対して、文書の回答があればいいほうで、まったく回答のない場合も多い。そうしたなかで、所有者側がこのような話し合いの場を用意し、建物の価値や解体への再考を促す機会が与えられたことは恵まれていた。とはいえ、最初から筆者らと所有者の立場は異なっているわけで、話し合いは最後まで平行線のままであった。

同年12月、最低限の建築資料を残すため、札幌市からの委託で札幌市歴史的建造物調査団（団長・越野武北海道大学教授［当時］）による建造物詳細実測調査を行い、翌96年3月、沿革、建築概要、復元考察、実測図作成のほか、同建物の価値をまとめた『道銀円山クラブ及び太秦邸調査報告書』が発行された。

題名の「太秦邸」[J]は、円山クラブの西側に建っていた住宅で、旧小熊邸と同じく田上義也の1930年代の作品。ひとりの建築家の時代も作風も異なる作品が対峙するユニークな街区を形成していたが、1995年3月取り壊されることになり、1日だけの猶予が与えられて調査した住宅である。併せて筆者は、12月19日「道銀円山クラブをめぐって」と題して北海道新聞夕刊に投稿し、建物の価値や今後の保存を読者に呼びかけた。翌1996年6月「旧小熊邸を考える会」（以降「考える会」）が発足した。

保存という話をあえて抜き、「考える会」としたのは、単に建物の保存のみを訴えるのではなく、建物のもつ思想や文化的意義を受け継ぎ、札幌の文化そのものを守り続ける運動体として、所有者や札幌市と対立するのではなく、共に保存の可能性や今後の活用法を協議していくことを念頭に置いたからである。しかし、当面は保存を望む市民の署名活動を第一方針とした。「考える会」設立から約1ヵ月後の7月、第1回分署名1,785名分と保存要望書が札幌市長宛てに提出され、北海道銀行にも署名コピーと保存要望書が提出された。11月には第2回署名分3,561名分が提出され、最終的に1997年10月で6,300名の署名が集まった。この間「考える会」は、「旧小熊邸ニュース」を2回発行し、支援者に活動状況を報告した。

「考える会」の運動が進められるなかで、札幌市は旧小熊邸を札幌市中央区伏見5丁目、旧藻岩山ドリームランド跡地に移築することを決定した。この背景には、所有者からの建物寄贈のほか、跡地利用を模索していた札幌交通開発公社（現札幌振興公社）や設計施工担当の三井ホームからの移築費用の寄付など、恵まれた条件が挙げられる。さらにこの決定に対し、「考える会」は市民団体「札幌建築鑑賞会」と共同で、ただちに再生に向けての市民サイドの協力提案書を、事業主体の札幌交通開発公社に提出した。

保存運動は、目標の建物保存がいったん決定すると、運動は終焉することが多いのに対し、この提案書は移築復元後の建物維持に対しても市民の協力は惜しまないという踏み込んだ姿勢の表明である。そこには、復元に伴う技術的、専門的知識の支援、財政面の可能な限りの支援協力、学術的、文化的な価値についての市民啓蒙用パンフレットの作成協力、照明器具やガラス絵など失われた部分の復元作品の寄贈、ゆかりの資料の寄託、さらに市民によるサポートクラブの結成などが謳われていた。

M 応接間の復元照明具の見上げ

N 移築前の旧応接間と亀甲大窓

「旧小熊邸」倶楽部の発足とNPO法人「旧小熊邸倶楽部」

1996年10月「考える会」設立1周年企画「田上義也の世界」（フォーラム）を開催した後、建物の保存、署名活動による市民の関心の掘り起こし、歴史的建造物の保存に関わる問題点の提示など一応の成果を達成したと考えて解散し、新たに「考える会」の意志を継いだサポーターとして「旧小熊邸」倶楽部（東田秀美代表、以下「倶楽部」）が発足した。

この「倶楽部」は、旧小熊邸の復元、再生、維持への市民レベルの支援を通して、札幌の歴史を生かしたまちづくりに寄与するという目的どおり、旧小熊邸の具体的保存方法や復元方針、細部のデザインや仕上げ処理にいたるまで、事業主体の札幌交通開発公社や三井ホーム、テナントであるロイズコーヒーユニオン、さらに外構・公園担当のキタバランドスケーププランニングなどの担当者らと、頻繁に打合せの場を設け、より理想的な復元活用方策を検討した。ほぼ毎週、多いときには週に2度、3度と筆者の研究室や会議室での会合が重ねられ、結果、筆者ら関係者がボランティア活動に費やした時間は驚異的なものだったが、関係者全員のスケジュール管理を担当した東田代表の庶務協力がなければ到底実現できなかったプロジェクトであろう。

創建時の姿をどこまで復元するか、喫茶店としての活用に対する内部間仕切りや家具のデザイン、レイアウトの提案のほか、旧応接間の写真に残る照明器具の復元［F、M］は札幌市立高等専門学校・石崎友紀教授へ、応接間の亀甲大窓のアヤメをモチーフとしたガラス絵［A］の再現はイラストレーターのすずきまみ氏に、絵ガラスの組立はクリエーション工房林、窓サッシの幾何学模様の木製透かし彫り［O］をトゥレベルク工房・国本貴文氏に依頼した。このように、適材適所の人選から、復元の要となる部分に市民からの浄財を投入し、倶楽部のプロデュース能力はいかんなく発揮された。

設計施工担当者にとっては倶楽部からの多くの希望、注文は、時として設計変更にまで及び、予想以上に大変だったと拝察する。扉やガラス開口、階段など、可能な限り旧材の移設を求めたが、応接間や2階にバルーンフレーム工法（＊）が採用されていたことから、設計施工担当の三井ホームが得意とする2×4工法が建物全体に採用された。その結果、幅木や廻し縁の切り詰め、建具の微妙な寸法変化、旧平面や壁位置の大幅な変更など、厳密には構造材や内装材を含め、多くの部分が新築となった。登録文化財や市の文化財としても十分な価値を有していた建物だけに、文化財指定に必要な注意深い移築工事ができなかったことへの悔いはいまだ残っている。

しかし、新生「旧小熊邸」には多くの市民の思いが宿っている。再生工事を進めるなかで、棟梁や職人は、何度も解体前の小熊邸に足を運び、ディテールを研究し、また、ときには感心したとも聞く。再生過程で、原設計者、田上義也の精神や設計思想の一部も伝承されたということができるかもしれない。

市民運動の中心的役割を果たした倶楽部は1999年12月、NPO法人（非営利活動法人）に認証された。「歴史的な建造物等の保全、再生、維持への支援、またはこれらに関する自主事業等を通し、主として札幌市の歴史を生かした街づくりに寄与することを目的」とし、単に旧小熊邸のサポートに留まらず、市民活動のノウハウの啓発、札幌以外の歴史的建造物の保存活動や街づくり活動への援助、NPO法人を目指す市民団体への助言など活発な活動を展開している。

小熊邸の保存活動から復元再生過程のなかで、たまたま「倶楽部」という適切な組織が機能したわけだが、市民と行政、所有者、専門家とが話し合い、知恵を出し合う場、たとえば歴史的資産ネットワークのような組織の必要性や、建築史家や建築史研究者ばかりでなく、歴史的建造物や構築物の修復、復元のノウハウを蓄積した実務専門家、いわゆる修復建築家といった職能の必要性も痛感した。NPO法人化した旧小熊邸倶楽部が、歴史的資産ネットワークの一部を担うような活発な活動展開に期待しつつ、保存修復後の歴史的建物の維持・管理まで責任をもつ、第2、第3の市民活動グループが誕生することを期待したい。

O 幾何学模様の木製透かし彫り

P 移築前の2階アトリエ
天井の押縁や細い架構材は解体時に撤去されてしまった

＊2×4の原型工法

再　生　前	
建物名	小熊邸
所在地	札幌市中央区南1条西20丁目1-19
建築主	小熊 捍
設計	田上義也
竣工	1927年
構造規模	木造2階建

再　生　後	
建物名	旧小熊邸
所在地	札幌市中央区伏見5丁目1875-3の内
建築主	札幌交通開発公社
設計	—
竣工	1998年
構造規模	木造2階建
面積	145.2m²
再生工事費用	約4,000万円

武田薬品工業
京都薬用植物園迎賓資料館

指宿真智雄（1997年）

震災で被災した洋館の移築再生

旧田辺邸

野口孫市（1908年）

A 東面外観。住友家の建築家として活躍した野口孫市の設計による洋館である。1908年に建てられてから数度の増改築を経たが、阪神・淡路大震災の際に被害を受け、1997年に武田製薬工業の京都薬用植物園に迎賓館として移築再生された経緯をもつ

B ホールに隣接する1階ラウンジ

C 2階展示室

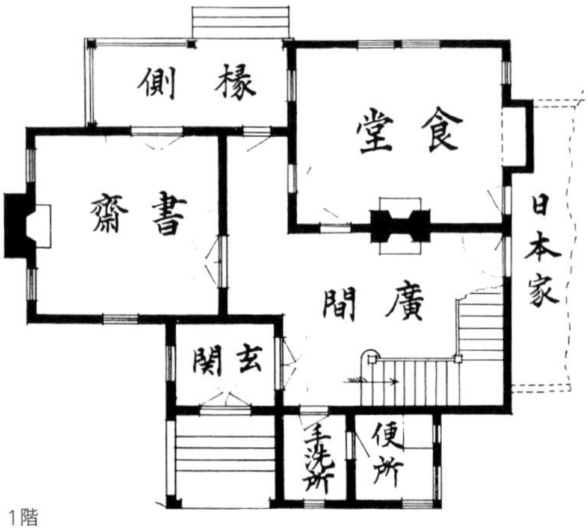

1階

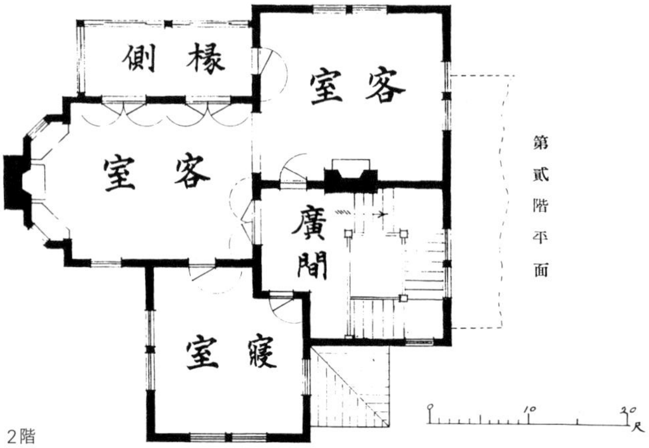

2階

創建当初平面図（S＝1：250）

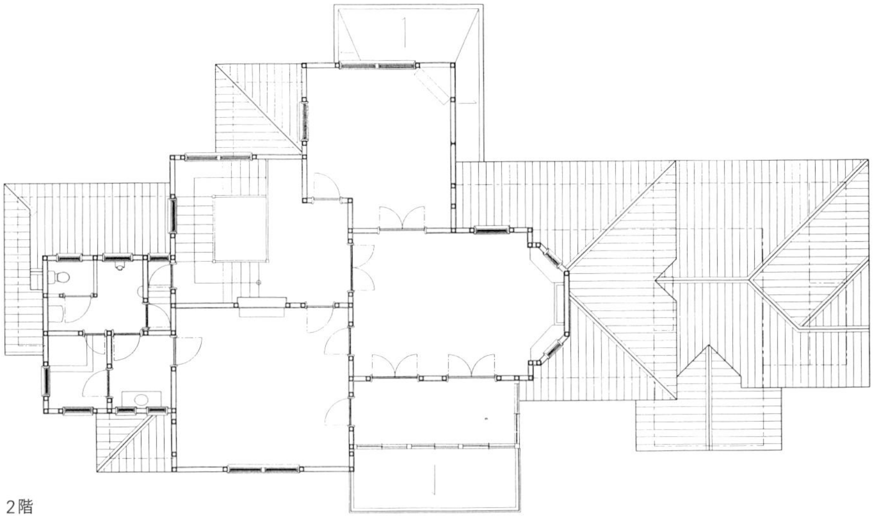

2階

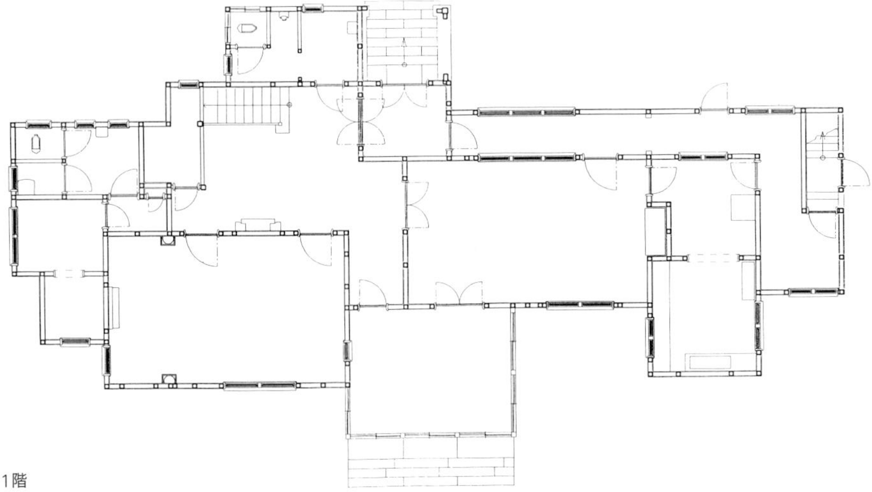

1階

解体前平面図（S＝1：250）

移築直前の建物は、1908(明治41)年に建築された部分と、厨房・化粧室など詳細は不明ながらその後増築された部分からなっており、今回移築再生の対象としたのは明治期のオリジナルの部分と、1階の装飾円柱と同時に部屋として増築された部分に限定している。

平面計画としては、できる限り明治期のオリジナルの間取りを活かし、その上に新たな迎賓施設としての機能を組み込むことを主眼とし、大きく分けて、1階を迎賓施設としての空間、2階を資料館としての空間としている。また、1階の化粧室、給湯室などのサービス空間は実用性を重視し、移築再生に連続するかたちで今回新規に追加した。

移築以前の構造部材は、調査の結果、腐食及び地震による損傷が多く、またしばらくの間放置された状態にあったことから歪みやねじれも顕著に認められたため、部材自体はすべて新規とした。

構造的には現在の建築基準法に基づき構造計算を行い、部材断面および樹種を決定。基礎はRC造の布基礎とし、地震力、風圧力に対しては、筋違、構造金物などを合理的に配置し、同時に外壁にはすべて構造用合板を張って十分な体力をもたせた。

なお、部材は新規としたものの、小屋組のトラスについては移築以前の形態を尊重し、できるだけ当初の形に復元するように努めている。(指宿真智雄)

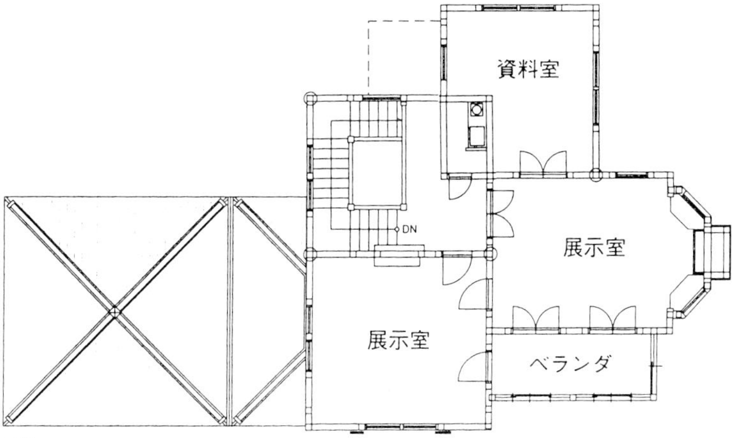

2階

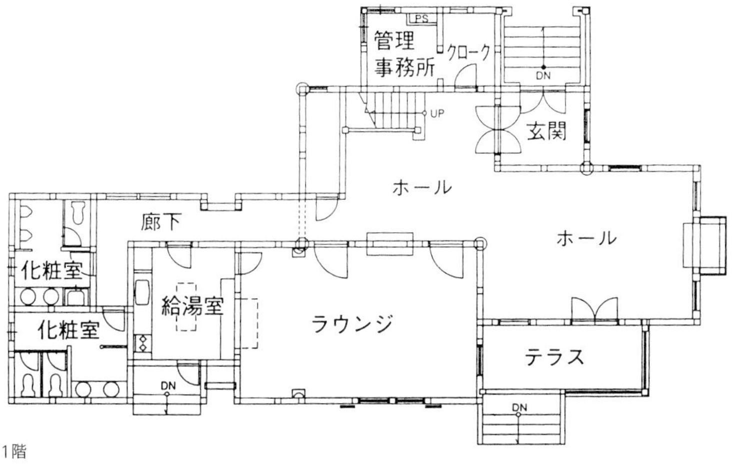

1階

再生後平面図(S＝1:250)

D 南面外観。各面がそれぞれに個性をもっている。急勾配の切妻屋根を中心に、壁体はハーフ・ティンバー・スタイルにシングル・スタイルが併用されており、19世紀末のイギリスの郊外住宅に似たスタイルでまとめあげられている

E 南西面外観。鱗状の外壁は、移築再生前は石綿板であったが、創建当初に使われていたと推定されたベイツガの柾目板とした。暖炉の煙突部分は煉瓦造であったものを煉瓦タイル貼りに改めた

武田薬品工業京都薬用植物園迎賓資料館

Japan and Kyoto Harbal Garden Guest House, Takeda Chemical Industries Ltd.

F 吹抜けの階段室

G 階段室からホールを見通す

H 1階ラウンジの床は、寄木の意匠。
それぞれの部屋で異なる意匠となっている。
どの部屋においてもこのように、新しく張り替えた床面の一部に、
再生前の床を嵌め込んでいる

I 2階展示室の暖炉

J 階段手摺にもアーツ・アンド・クラフツ風の
細かな彫刻が施されている

G

京都薬用植物園迎賓資料館　Japan and Kyoto Harbal Garden Guest House, Takeda Chemical Industries Ltd.

K ホール。創建当初の状態に復元しつつ、
迎賓館としての機能を併せて組み込んだ。
1階は迎賓、2階を資料室としている。
各室はそれぞれ異なった意匠が見られ、
特に暖炉や床面の模様は
見ごたえのあるデザインとなっている

L 2階展示室。製薬会社だけあって、
珍しい薬用の動植物が展示されている

多様な保存手法を使う 何を優先し何を遺すか

❖

中川 理 NAKAGAWA Osamu

京都らしい風景の中の洋館

修学院離宮の南側に、武田薬品工業の京都薬用植物園の敷地が広がっている。京都市街を見下ろす緩やかな斜面地に広がるその植物園のなかに、ひとつの洋館が迎賓施設として建てられている。

残念ながら一般者の入園はできないが、その植物園は自然環境にも恵まれ、洛北の名刹のひとつ曼殊院にも隣接し、いかにも京都らしい風景の広がる場所である。そんな場所に立地する洋館は、やはり不似合いな印象も持たれてしまうかもしれない。しかし、その洋館は圧倒的な存在感を表している。

まるで、建設当初からこの地に根を下ろしてきたかのように感じさせるその存在感は、まさにこの建物の質の高さを示していると言ってよいだろう。

阪神大震災での被災住宅の移築

この洋館は、この場所で建てられたのではない。もともとは、住友銀行の初代支配人なども務めた田辺貞吉の邸宅として兵庫県の住吉村反高林（現東灘区住吉）に建設されたものである。その邸宅は、その後住友本邸などに使われ、戦後も住友関連施設に利用されてきた。それが阪神・淡路大震災で被災した。建物としての被害は甚大であったが、十分に修復は可能であると思われた。しかし、所有者の住友（住友成泉株式会社）は復旧・保存は極めて難しいと判断し、取り壊しを計画した。

一方、武田薬品工業は、震災の前から京都薬用植物園に迎賓施設の建設を計画していた。それも、新築ではなく、由緒ある建物の移築を考えていた。京都であるから、京都らしい伝統建築の移築が模索されていたようだ。そこで、東京大学の伊藤毅氏や大阪市立大学の谷直樹氏ら、日本建築史の研究者がその相談にのっていた。

そして、たまたま、いや必然的にであろうか、このふたつの出来事の関係者が出会うことになる。

神戸の田辺邸については、その建築史上の意義および住友家の歴史上の価値から建築史学会から保存要望書が提出された。これは、震災後に関西の建築史学の研究者が自主的に行った被災調査（その成果は『阪神・淡路大震災と歴史的建造物』思文閣出版にまとめられている）に対する行動のひとつであった。この要望書に対しても、所有者の住友成泉株式会社は取り壊しの計画を変更しなかったが、一方で要望書の提出は、この貴重な邸宅が危機的状況にあることを、広く建築史の研究者に知らしめることとなった。その過程で、京都薬用植物園の迎賓施設に関わっていた伊藤氏や谷氏らを中心として、ふたつの課題を合わせるアイデアが考えられるようになったのである。

阪神大震災で被災した田辺邸を所有者から譲り受け、武田薬品の迎賓施設として京都に移築再生しよう。このアイデアは、こうして生まれることとなった。震災から半年ほど経過してからのことである。幸いにも、所有者の住友成泉株式会社は、移築の計画を了解してくれた。そこで、神戸での現況の詳細な調査が行われ、同時に移築再生の設計が始まることとなった。

移築再生に求められた手法

こうした経緯による移築再生事業である。この事業には、旧来の文化財保存のための移築や再生とは異なる特徴がいくつか存在する。

そのひとつが、建設プロデューサーの存在である。文化財行政の公的な指導や支援は受けずに、ふたつの民間企業の協力を得て、限られた予算と時間のなかで、事業を成功させるためには、全体を統括するプロデューサー的存在が不可欠であったのだ。その任は、武田薬品から迎賓館建設の相談を当初から受けていた建築家・指宿真智雄氏（故人）が引き受けてくれた。指宿氏は、建築の保存や再生ですでに多くの実績を持つ建築家であった。

もうひとつの特徴は、その指宿氏と伊藤氏、谷氏らが相談のうえ、学識経験者や建築家からなる「旧田辺邸移築再生委員会」（委員長・東京大学鈴木博之氏）が結成されたことである。従来の文化財としての指針とは異なる判断が求められる場面が多いはずであり、そこでの判断に客観性を持たせるためには、こうした委員会形式での合議が不可欠であると判断されたのである。このなかに、筆者・中川も加わることとなった。

野口孫市の洋館

さて、ではこの洋館は、歴史的な住宅建築としてどのような特徴を持っているのだろうか。

設計したのは、住友家の建築家として活躍し、その後の住友営繕の基礎を築いた野口孫市（1869–1915）である。野口は、住友家が建設し寄贈した大阪府立図書館（1904年）などの設計者としても知られるが、神戸を中心につくられた住友家に関わる多くの住宅作品においても、その才能を発揮している。そこでは、彼が当時のヨーロッパから学んだ、アーツ・アンド・クラフト運動やその後のヴィクトリア時代におけるデザインの趣味が色濃く反映されていた。神戸や阪神間の住宅調査を長年続け、震災後から一貫してこの建物の価値を訴えてきた坂本勝比古氏の見立てによれば、野口の設計した洋館には、とりわけヴォイジーがつくり出すコッテージの影響が強かったとされる。

確かにこの田辺邸も、勾配が鋭い切妻屋根を見せ場として、壁体はハーフ・ティンバー・スタイルにシングル・スタイルを併用するなど、19世紀末のイギリスの郊外住宅などによく見られる特徴を示している。しかも、内装には和風の要素も見受けられ、多様なデザイン要素が破綻なくまとめられている。

移築再生の方針と実際

ただし、この洋館は、住まい手が何代かにわたって変更され、しかも敷地のなかでの移設なども行われているため、内外装ともに大きな変更が加えられている。そこで、移築にあたっては、なるべく当初の姿に戻すことが方針として決められた。そして、まずは建設当初のオリジナルの姿がどのようなものであったのか正確に把握することから作業は始められた。実は、建設当初の詳細なデータはほとんど残されていなかった。そこで、現状の痕跡調査や何枚かの古写真などから検討が続けられた。その結果は移築再生委員会に報告され、移築後の仕様が最終的に判断されていった。

といっても、その判断は容易ではなかった。例えば、外壁の意匠を決定づけるシングル・スタイルの鱗状の部材について、移築前の状況では石綿板であったが、これがオリジナルでは何であったのか、古写真などだけでは判断がつかなかった。そこで委員会は、同じ時期に野口孫市の設計で建設され、旧状をよく残している、滋賀県の住友活機園（伊庭貞剛邸・1904年）に見学に出かけ、その観察の結果から

M 1908（明治41）年の竣工時の状態（*）

N 1915～23（大正4～12）年の状態（*）

O 1977～87（昭和52～62）年の状態（*）

*『旧田辺邸移築再生保存調査報告書』
旧田辺邸移築再生委員会、1997年より

米栂柾目板に腐食剤を含浸させたものと決定した。

このようにして、委員会は大きな役割を果たすことができたのだが、そこには、これまでの文化財修復と異なり、予算も時間も極めて限られるという制約が常につきまとった。

「再生」の意義

この事業は「移築再生」と名付けられている。つまり、文化財建築を単に移築するのではなく、再生も実現させようとしているのである。この場合の「再生」とは、もちろん被災した住宅を修復する、あるいは建設当初から変えられた姿を旧状に戻す、という意味が込められている。しかし、もうひとつの意味も含まれていたはずだ。すなわち、予算と時間の制約のため、完全な形での移築は困難であるので、オリジナルな形状を新しく造作することも必要であり、それも「再生」として捉えているのである。

建設プロデューサーの指宿氏が行った移築建物の設計では、移築建物のまさに現物をそのまま使う「現物保存」、それを修繕して使う「修繕保存」のほかに、現物は使わないがそのイメージを継承した造作を行う「象徴保存」という三つのグレードが用意された。この象徴保存は、従来の文化財制度の中での移築事業ではあまり見られなかった手法であろう。ここに、まさに「再生」の真価が問われることになったといってよい。

例えば、外壁横に設ける暖炉の煙突は、オリジナルでは当然ながられんが積みであったが、移築「再生」建物では、れんがタイル貼りである。また、室内の床も、見事な寄木であったものが、その一部を象徴的に残して、残りは寄木調の集成材に代えられている。

求められる検証と議論

こうした部材の大幅な変更については、いわゆるオーセンティシティを失うことに繋がるだろう。しかし、移築事業とは、そもそも建物が背負ってきた環境を決定的に失うことになる。この洋館も、阪神間の良質な郊外住宅街の草分けとしてあった住吉反高林という土地を失った。その他にも、さまざまなものを失うはずだ。移築事業における文化財保存においては、その失うもののなかで、何を残すことが重要なのか、その優先順位を判断することが求められるのだろう。

その意味で、この旧田辺邸のケースは重要であろう。予算や時間が限定されたなかで、その優先順位の決定は試行錯誤の連続であった。しかし、今後の文化財行政の多様なあり方、さらには文化財建築の保存手法の多様なあり方を考える際に、ここでの移築再生委員会の下した判断は、今後さまざまなかたちで参照されるべきものになるはずだ。いや、ぜひとも、この移築事業のあり方をめぐって、今後も多くの検証と議論が行われてほしい。

移築再生事業から10年以上経った今、「象徴保存」として新しく造作された部材も、しだいに味わいを出すようになってきた。残念ながら、この洋館は、武田薬品の顧客のための迎賓施設であり、一般の見学は一切できないが、この保存再生の意義を検証することは多くの人々に開かれているはずである。

[参考文献]
『旧田辺邸移築再生保存調査報告書』旧田辺邸移築再生委員会、1997年

武田薬品工業京都薬用植物園迎賓資料館(旧田辺貞吉邸)

所在地　京都府
原設計　野口孫市
移築再生計画　旧田辺邸移築再生委員会
迎賓施設再生プロデュース・設計　指宿真智雄
施工　熊倉工務店
創建年　1908年
竣工年　1997年
構造規模　木造2階建
面積　延床面積　257.6m²(1階:133.91 m²、2階:123.69 m²)

[主な外部仕上げ]
屋根　瓦葺替え
壁　左官仕上げ、腰:れんがタイル
建具　木製建具

[主な内部仕上げ]
天井　玄関ホール:小巾板貼り/ホール:化粧根太天井/ラウンジ:鉄板プレスパネル入り折上げ格天井/展示室1:格天井/展示室2、資料室:漆喰塗り
壁　玄関ホール:漆喰の上クロス貼りペンキ塗り仕上げ/ホール、ラウンジ:漆喰の上クロス貼り/展示室1、展示室2、資料室:漆喰の上ビニールクロス貼り
床　玄関ホール、ラウンジ、展示室1、展示室2、資料室:寄木調集成材/テラス:磁器質タイル

文化のみち二葉館

伝統技法研究会（2004年）

復元により再び蘇った大正洋館

旧川上貞奴邸

あめりか屋（1920年）

A 洋館から和館への通路をみる。
庭の向こうには創建時に設けられたと考えられる
土蔵が復元されている

B

C

D

B 西面外観。建設当初より90度回転した配置で復元された。
様式は、アメリカのクイーン・アン様式を基本としたもので、
変化に富んだデザインを特徴とする。外観からはうかがいしれないが、
内部には畳敷きの和室がある

C 創建当初の婦人室。ピクチュアレスクな外観の内部には、
このように落ち着いた和室もあった。洋館としての外観を強調するため、
窓は上下窓とした。そのため、外壁と和室の間に縁側をとり、
和室も建具を閉めると洋風の要素は見えないよう工夫された

D 半切妻とマンサード屋根の複合形といえるユニークな形式。
日本初の国際女優・川上貞奴と、日本の電力王ともいわれる福沢桃介が
住んだ邸宅。設計・施工は日本の近代住宅の歴史に
大きな影響を与えた“あめりか屋”。日本の近代を考えるうえで
貴重な建築遺構である。ちなみに現建物名にある“二葉”とは、
かつて建てられていたところの地名。貞奴邸が川上家の手を離れ、
1938年に増改築されてからは「二葉邸」と呼ばれていた

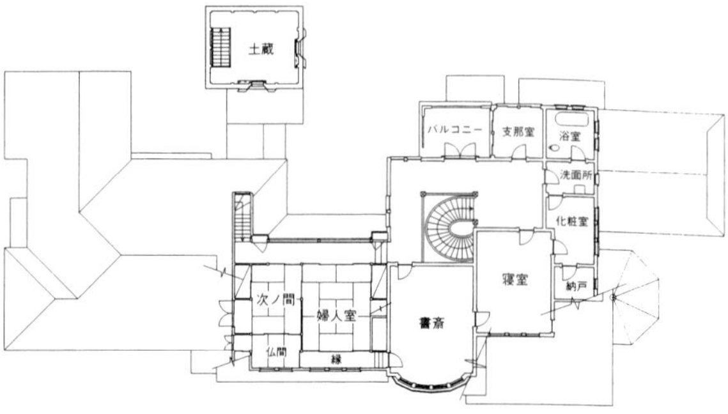

2階

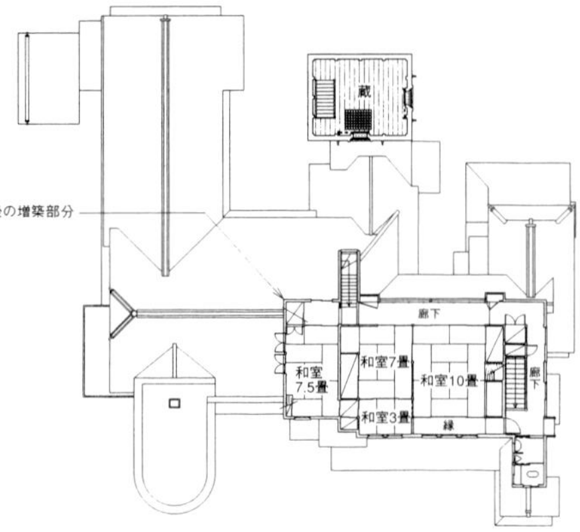

2階

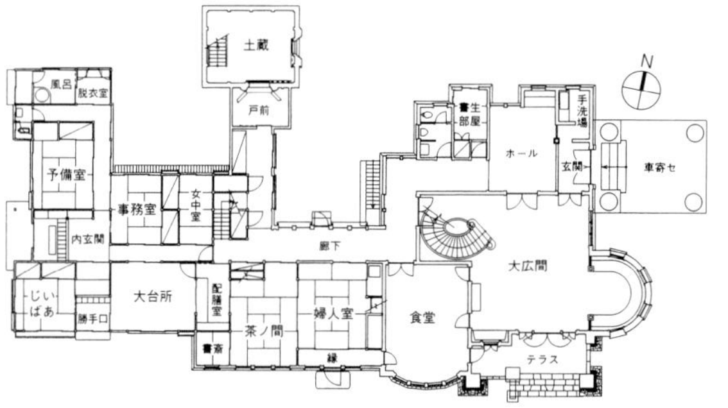

1階

創建時推定復元平面図(S＝1：500)

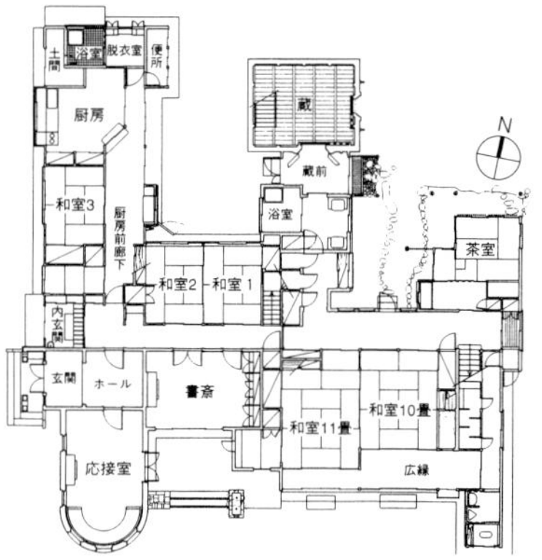

1階

再生前平面図(S＝1：500)

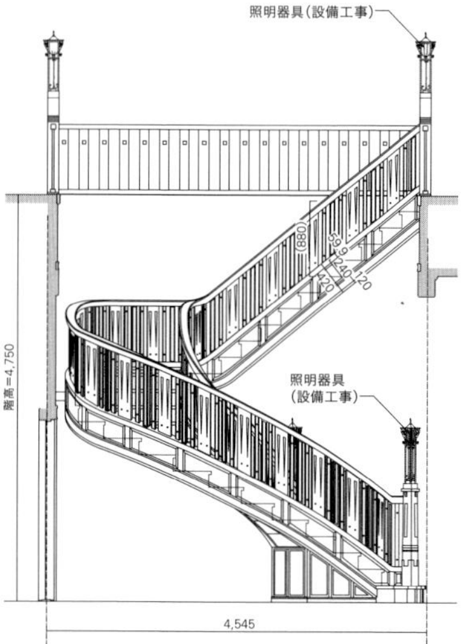

大階段立面図

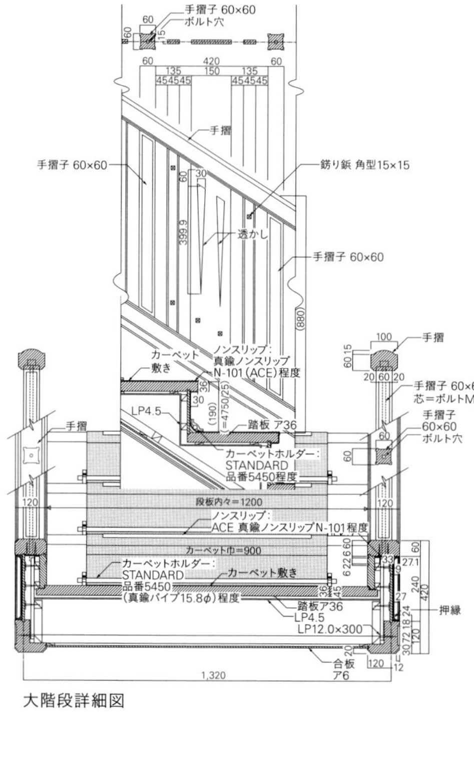

大階段詳細図

らせん階段は、「柱もなく空中に浮かんでぐるっと廻っていた」という関係者の記憶に沿い、かつ現行法規に適合するように試案を重ねた形状で、構造は鉄骨として自立させ、その上に無垢の欅材で艤装を施した。側桁は厚12mm、蹴込みと踏板は9mmのプレートを使用し踊場で2ヵ所柱への振れ止めを設けた。
工事は鉄骨階段を下小屋で仮組して揺れや歪みを検討し、木部の加工を行い、一旦解体した。現場には2分割した階段を搬入して組立、木部を取付け曲面を仕上げた。手摺は控が取れないので、側桁の鉄骨からボルトを手摺まで通して緊結している。

E マンサード屋根を用いた「あめりか屋」の軽井沢出張所（出典：『住宅』大正5年10月号）

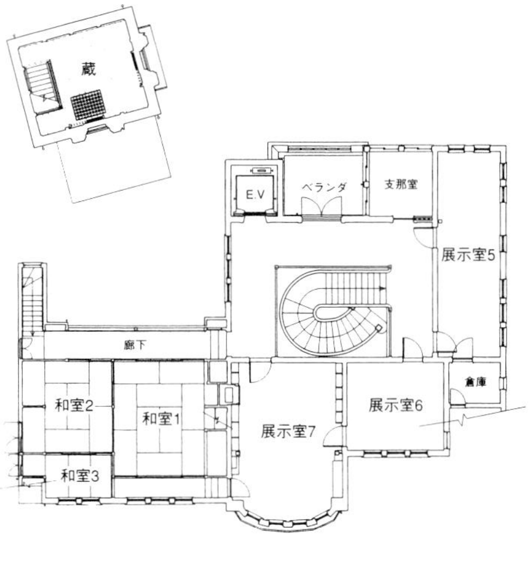

2階　創建当初部分｜推定復元洋館部分

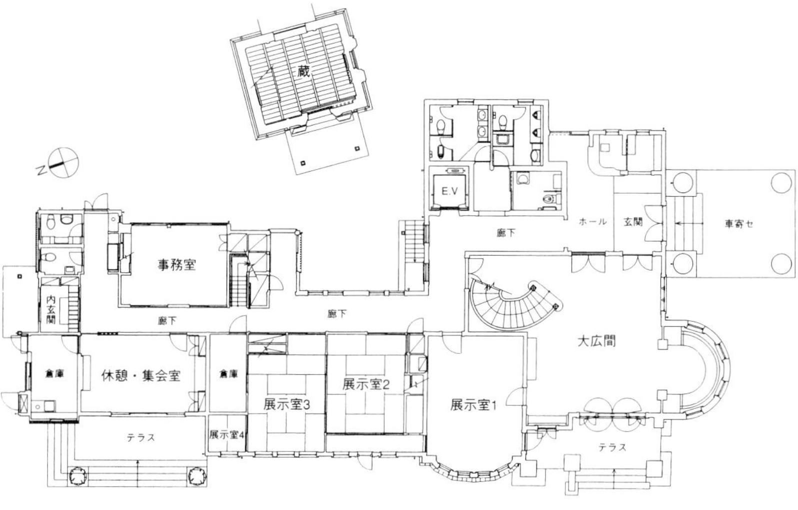

再生後平面図（S＝1：250）
（復元にあたり敷地形状の都合上、90度回転されて復元された）

1階　推定復元和館部分｜創建当初部分｜推定復元洋館部分

【屋根形状の復元】

F 現況の南面外観

洋風住宅の様式数種（西村伊作『装飾の遠慮』より）
①ガンプレルルーフと称する屋根で米国で多く用ひられる
②近頃日本によくたてられる、急勾配の屋根、飾に張り付けた柱形でハーフチンバーに見せたもの
③日本人のたてる西洋館　④コロニアルスタイルから変化した近代米国風
⑤ドイツ風の小住家　⑥米国西部式バンガロー　⑦シカゴ式（ライト）
⑧現代英国式　⑨コツテージ風の新式バンガロー
⑩プエブロスタイル（アドベ）米国南西部土人の建物の様式

復元方法を分ける

根拠のない復元はしない

大平茂男 ODAIRA Shigeo

❖

伝統技法研究会

G 広間のステンドグラス詳細。
一部入手できなかったところを復元している

復元に先立ち行われた現況・解体調査により、旧川上貞奴邸の創建当初部分は、2階建部分の約3分の1ほどで、平屋部分は1938（昭和13）年に改築されており、そこには取り壊された洋館部分の部材を転用していることが明らかになった。移築復元にあたっては、歴史的価値をより高めるための資料調査と転用部材の調査を行い、可能な限りこれらの資料に基づいた創建当初の復元を目指した。

失われていた洋館部分や改築された和館部分については、部屋の重要性と復元の裏付け資料の有無により、類例を参考とした推定復元と活用に適した現代仕様の部分、さらに1938年の改築時の再現をするという三つに区分けを行った。建物の時代性を統一するために裏付け資料の少ない部分を強引に推定復元するより、根拠のないところは復元を避け、可能な限り解体部分（洋館部分の転用材）を利用するという考えで、創建当初の全体の構えや間取に大きく影響しない範囲で再現を行った。

具体的には、現存していた創建当初の部分は、指定文化財の仕様に準じた現状変更や修理と復元をし、現存していなかった洋館部分については、外観と主要な部屋を復元した。また、和館部分については、内玄関や廊下等が創建当初の間取と大きく変わっていないことと、当時の内部の様子がわからないことから無理な復元は行わず、1938年の状態を基本にして再現し、事務室や便所などの活用に必要な施設に転用した。活用に際して必要となった便所やエレベーターなどの外観は、隣接する書庫やスロープなどに合わせてコンクリートの打ち放しとし、復元建物の外観と意識して区別した。

また、文学資料を保存するための書庫などの付属施設も合わせて建設されたが、これらの新築施設は、コンクリート打ち放しと瓦葺きの置屋根として大正時代の復元建物と違和感のない配慮をしながら、明確に区別した。

H 螺旋階段から広間を見下ろす。
客人を迎える時、この螺旋階段から芝居気たっぷりに下りる貞奴の在りし日の姿が思い浮かばれる。
階段に関しても詳細な図面は残っていなかったため、聞き取り調査による推定復元である

住宅を別用途に再生する魅力

❖

内田青藏 UCHIDA Seizo

川上貞奴邸とは

名古屋市のシンボルである名古屋城。その東側には戦災を免れた旧武家屋敷地区があり、江戸文化そして明治以降の近代化を象徴する建築遺構が現存している。こうした歴史性を重視した名古屋市では、この地域一帯を「文化のみち」と称して歴史的建築群やその景観の積極的な保存・活用事業を展開している。そして、今回、現存していた旧川上貞奴邸を地域センターとともに郷土の文学館を兼ねた複合文化施設として活用すべく移築・復元した。

この建物は、近代演劇史上、わが国初の国際女優として知られる川上貞奴（1871–1946）の住まいとして1920（大正9）年に竣工した。赤瓦葺のマンサード屋根を変形させた独特のデザインには思わず目を見張ってしまう。設計・施工はわが国の住宅の近代化に大きな影響を与えた住宅専門会社「あめりか屋」で、名古屋地区に現存する唯一の作品でもある。

ところで、この住まいを語る際に忘れてはならないもうひとりの人物が、貞奴と同居していた“電力王”とも称された福沢桃介（1868–1938）だ。電力事業の可能性を見抜き木曽川に水力発電所を計画した人物で、貞奴が名古屋に住まいを構えたのは、事業パートナーとして桃介を援助するためであった。すなわち、桃介は電力事業に参入するために政府や名古屋財界の協力を得なければならなかった。そこで、女優時代に桃介の援助を受けていた貞奴が恩返しと芸者時代に培った政府高官たちとの親交をもとに、住まいを迎賓館として役立てようとしたのである。

❙ 川上貞奴と福沢桃介（提供：川上家）

いずれにせよ、貞奴と桃介はわが国の文化史・産業史あるいは政治史にもその名が知られる人物であり、加えて、建物も戦前期の住宅専門会社「あめりか屋」の代表的な作品であり、旧川上邸はわが国の近代という時代を考えるうえできわめて貴重な建築遺構といえるのだ。

移築・復元の経緯と展示計画

旧川上邸の存在は古くから注目され、名古屋市でも貴重な文化財のひとつとしてその行く末を案じていた。保存の動きは二転三転したが、1998（平成10）年11月、旧川上邸の保存が決定し、その後、現状の調査、解体、そして、移築とその復元という一連の事業が行われ、2005年2月その竣工をみたのである。

旧川上邸の復元は、簡潔にいえば、失われていた洋館部は外観を中心とした復元、洋館後方部分に位置する和室部分は移築部材を用いた創建時の再現、そして、洋館背後の平屋の和館部分に関しては1938（昭和13）年当時の再現、という極めて複雑な作業となった。とりわけ、資料が最も少なかった洋館の復元にあたっては、外観は創建時の写真を基本とし、内部は同時代の「あめりか屋」の作品を参考にした推定復元である。ただ、インテリアの重要な要素となるステンドグラスなどの当初部品は出来る限り入手し、再現した。その中にあって、1階広間の玄関側のステンドグラスは、失われていたものの古写真から絵柄を判読し、原画を担当した杉浦非水

J

K

L

J 洋館・1階広間。資料が少なかったため、外観は創建時の写真を基本とし、内部は同時代の「あめりか屋」の作品を参考に推定復元を行った。ただ、インテリアの重要な要素となるステンドグラスや階段親柱の照明器具などの当初部品は、解体後に再利用されていたため、今回、できる限り入手し、もとの位置に再現した

K 2階和室の廊下。廊下の先には洋館部分が見える。右手には奥に婦人室と次の間

L 2階和室

M、N 和館の裏階段部分
M：電力王の邸宅だけあって、
大きな配電盤が現存していた。当時は暗い夜にあって、
この貞奴邸だけが電気で煌々と輝いていたという
N：現在は、配電盤とともに壁の一部を剥がして、
電気配線の様子を展示している

のスケッチを基に再現を試みた。また、部材に関しては、創建時のものは、部分的であっても捨てずに使用できるように修理を施し、再度利用した。また、創建時の車寄せの垂木と思われる転用部材なども一部元の位置に戻すなど出来うる限りの再現を試みている。これは、将来の文化財指定を意識した処置である。ただ、洋館部分は、創建時は木造であったが、現行の法規の規制から一部鉄筋コンクリート造ならびに鉄骨造とし、補強を試みている。また、創建時に設けられたと考えられる土蔵に関しては、軸部の部材は再利用したが、メンテナンスの問題ならびに復元後の使用目的の関係から土蔵とせず鉄筋コンクリート造とした。

また、内部は展示空間として再利用したが、創建時はれんがの基礎が使用されていたこと、また桃介が手がけていた電気事業の象徴として各部屋の照明には電気が使用されるとともに、パイロット・ランプのある呼び鈴、また、屋外を照らすサーチライト、といった電気設備の存在を象徴する巨大な大理石製の分電盤および床下や天井を走る無数の電線が存在していたこと、2階裏階段壁面に平瓦を用いた仕上げの技法が見られたことが解体時に明らかとなった。そこで、これらは当時の旧川上邸を象徴する独特な設備・技術であると考えられることから、見学者が訪れた際に直にそれらの実物を見学できるよう工夫している。

ドイツ風を加味した
アメリカン・スタイルの洋館

さて、改めて旧川上邸の建築的特徴を見てみよう。復元後の姿は、正面側の2階建の洋館部と背後の平屋の和館部からなり、これらの外観は、2階建部分は赤瓦葺きで1階がシングル張り、2階が黄褐色の荒いドイツ壁による洋風仕上げであるのに対し、平屋建部分は黒瓦葺きで簓子下見板張りの和風仕上げとなっている。まさに、明治期に成立した和館と洋

【ステンドグラスの再現】

原画を担当した杉浦非水のスケッチ
（出典：杉浦非水・渡辺素舟編
『世界人物図案集成』1975年、技報堂出版）

残されていた写真資料
（大広間玄関側のステンドグラス）

O 両資料を照らし合わせて再現した
ステンドグラス（提供：伝統技法研究会）

館からなる和洋館並列型住宅から内部に和室を取り込んだ洋館だけの洋館単独和室吸収型住宅への移行過程の過渡的な姿といえる。

また、設計・施工を行った「あめりか屋」は、その名の通り、創立時の明治末期から大正期にアメリカで流行していたバンガロー様式をモデルとした住宅を手がけていた。とりわけ、現存する大正期の軽井沢の別荘建築を見ると、非対称の構成、急勾配の反り屋根、1階と2階の異なる外壁仕様、また、基礎と暖炉はレンガ、というようにそのデザインは素材を対比的に用いるなど全体的にピクチャレスク風の高い装飾性を持つことから、クイーン・アン様式の影響を強く受けたバンガロー様式といえる。

そして、旧川上邸も同様に非対称な構成や複雑な屋根形式、あるいは多様な外壁仕上げといった高い装飾性が見られるのだ。特に屋根に関しては、「あめりか屋」の作品のなかでも、もっとも複雑なもので、急勾配の大屋根が十字に架かり、西面(創建時は南面)には反りがあり、加えて、この西面および北面（創建時は西面）は上部が半切妻のマンサード屋根といえるユニークな形式である。このマンサード屋根は、自らの軽井沢出張所にも採用しており「あめりか屋」が洋館の形式としてもっとも好んだもののひとつであることがわかる［1］。また、この半切妻とマンサードを組み合わせた屋根形式について、西村伊作は自書『装飾の遠慮』の中で「ドイツ風」と称している (P.133)。このことから、旧川上邸は、アメリカ住宅のクイーン・アン様式にドイツ風の屋根形式を加味したスタイルと考えられるのである。

むすびにかえて――蘇った“大正洋館”

近年、登録文化財制度の普及もあって、各地の戦前期の住宅建築が身近で地域的な重要な文化財として見直される機運が高まってきた。この旧川上邸も一部の専門家の間ではその価値が認められていたが、創建時の姿を留めていないこともあって保存は極めて難しい状況にあった。しかし、今回、所有者であった大同ライフサービス株式会社と名古屋市の英断により、移築し、かつ、失われた部分を復元して創建時の姿を再現する機会を得た。復元は困難な作業であったが、外観を中心とした精度の高い復元がなされたといえる。その新たに出現した姿は、明治期の歴史主義に則って設計された邸宅建築とは異なり、自由で軽やかなデザインによるものであった。それは、まさに、自由でリベラルな“大正”という時代の存在を示してくれる洋館の出現であり、わが国の住宅の歴史を考えるうえで、貴重な住宅が蘇ったといえるのである。

ところで、新たに再現された建物は、それまでの迎賓館的なものと異なり、地域センター兼郷土の文学館という機能が与えられた。こうした新しい機能の場としての蘇りは、一見ミスマッチのようにも思えるが、「貞奴がここで踊っていたのか」と思いを馳せながら見て回るのもまた楽しい。まさに、建物自身はもちろんのこと、住んでいた人物やその時代性などという多様な魅力を持っていればこその楽しみだ。これも歴史的建造物の再生特有の楽しみ方であり魅力といえるのかもしれない。

文化のみち二葉館（旧川上貞奴邸）

所在地	愛知県名古屋市東区橦木町3丁目23番地
設計	伝統技法研究会
構造設計	伝統技法研究会
施工	魚津・八神共同企業体 大工：魚津社寺工務店、屋根：足立瓦店、左官：中島左官、石：穂積石材
竣工	2004年10月
構造規模	木造2階建一部RC造
面積	敷地面積　2,487.64m^2　建築面積　372.52m^2 延床面積　498.72m^2 (1階：3220.67m^2、2階：178.05m^2)
建蔽率	24.9%(附属建物含む)
容積率	28.13%(附属建物含む)
地域地区	第二種住居地域、準防火地域
[主な外部仕上げ]	
屋根	和型素焼き引掛け桟瓦葺き、銅板他
壁	諫早石乱張り、レッドシダーシングル張り、ドイツ壁、人造石洗出し他
建具	木製建具、ステンドグラス
[主な内部仕上げ]	
天井	洋館(玄関、大広間、展示室1、7)：石膏ボード厚9.5mmの上パテシゴキEP／創建当初部分(展示室2～4および和室)：復元棹縁天井洗いの上荏胡麻油拭取り
壁	洋館(玄関、大広間、展示室1、7)：ナラ腰板張り、木摺り下地漆喰塗り／大広間：木摺り下地砂漆喰布クロス貼り／創建当初部分(展示室2～4および和室)：小舞下地土壁色土塗り
床	洋館(玄関)：花崗岩ビシャン仕上四半敷き／大広間、展示室1、7：杉板厚18mm合板下地寄木張りの上荏胡麻油拭取り(大広間：一部復元寄木)／創建当初部分(展示室2～4および和室)：畳敷

龍興寺客殿

魚津社寺工務店（1978年）

移築された
近代和風建築の典型

旧藤山雷太郎日本家

武田五一［顧問］＋中里清五郎（1932年）

A 南面外観。左手にコンクリート造と木造からなる3階建の楼閣、右手に書院付の広間と観月台と称される月見台がある。三宝院の表書院を手本にしていると言われ、全体的な印象も通ずるものがあるが、藤山雷太郎の方が平面も屋根の構成も複雑である。施工を担当し、移築工事も行った魚津弘吉棟梁に、「これだけの見事な木割とプロポーションをもったものを今設計しなおそうと思うとできない」と言わしめた、最高級の材と技術の粋が集められている

移築工事から見る
藤山雷太郎

二村研次 NIMURA Kenji

❖

魚津建築設計事務所

移築の話は、魚津社寺工務店の創業者・魚津弘吉が喜寿を迎えたころに持ち上がりました。ちょうど龍興寺の本堂を設計していた時、近鉄が買い上げたものの使い方を考えあぐねていたらしく、住職が古建築に理解があったこともあり、移築が決まったようです。

私は魚津工務店の第1期生で、入社後まもなくの時に、突然社長に「東京に行ってこい」と言われ、移築を担当することになりました。朝の日課は雨戸をすべて開けることから始まりました。若くて無我夢中だったので、とにかくすべてを測りまくり、実測だけで2ヵ月かかりました(P.147、P.147)。それから職人が入り、6ヵ月かかって解体を行い、洋館はその後取り壊されました。

部材の具合は総じて良く、新材と交換する必要もなく、すべてを名古屋に運びました。替えたのは屋根の銅板版と野地板くらいです。建具も、飾り金物もほぼ使えました。構造材は檜の四方柾、軸組だけではなく、飾り金物に至るまでのすべての材料と、それに施された仕事は一級品でした。例えば建具の敷居はただ堅木を使うだけでなく、敷居の溝を彫りとって堅木に嵌め込んでいるのですが、実に手のかかる仕事をしていたことが見てとれます。普通の住宅で、坪あたり10口、15口かかるところを、120口かけたそうです。

この藤山雷太郎が建てられた1932（昭和7）年は、日本の大工技術が最高潮に達したころで、藤山雷太郎にはその技術の粋を存分にみることができます。また、この時代は、木構造の過渡期にあった時期でもあります。和小屋、筋違、火打ち、金物の採用などにその時代性が垣間見えますが、市松模様の木摺りパネルなど、当時の大工の耐震的な工夫も興味深い。様式も昭和初期は折衷主義の時代でしたが、古建築に造詣の深い武田五一ならではで、楼閣は金閣や平等院鳳凰堂、主屋は醍醐寺三宝院表書院を参考にしているものだそうです。

移築から30年経ち、当時駆け出しだった私も、今や後進を育てる立場になりました。この藤山雷太郎には学ぶべきものが随所に見られます。ぜひ若い設計者や大工さんに、もっとこの建物を勉強してほしいと思っています。

B 観月台から南庭を見通す。近代建築の巨匠が取り組んだ和風建築ならではの、繊細でモダンな印象を受ける。このように建物の一部を庭側に突出させる手法は、醍醐寺三宝院書院表書院における泉殿の突出を参考にしたと考えられるが、この観月台は、畳敷きであること（移築時は縁甲板張り）、四周にガラス戸を入れて1室としていること、上段の間の脇に突出していることが、三宝院書院泉殿とは異なる

C 観月台南面。四方をすべてガラス戸で覆われている。南面しているため、ガラス戸を閉めれば冬でも暖かくサンルームのような機能も備えていたと察せられる

D 火頭窓と透かし彫りの欄間

E 敷地内に移築された八角堂は、
同じく武田五一設計の旧芝川邸霊拝堂(延壽堂)

F 17畳の広間を床に向かってみる。
造作材はすべて木曽檜の四方柾が使われ、
細部の意匠にも最高の仕事がなされていた

G 欄干をまわした楼閣の3階から入母屋瓦葺きの屋根をみる

H 花頭窓のある楼閣3階。
楼閣は宝庫として、国宝重文級の
書画骨董が納められていたという

I 浜縁から観月台をみる。正面軒先の反りは、書院建築ならではの技。
瓦は泉州産、下地庇は銅版を使用している。銅版は移築時に交換した部分もある

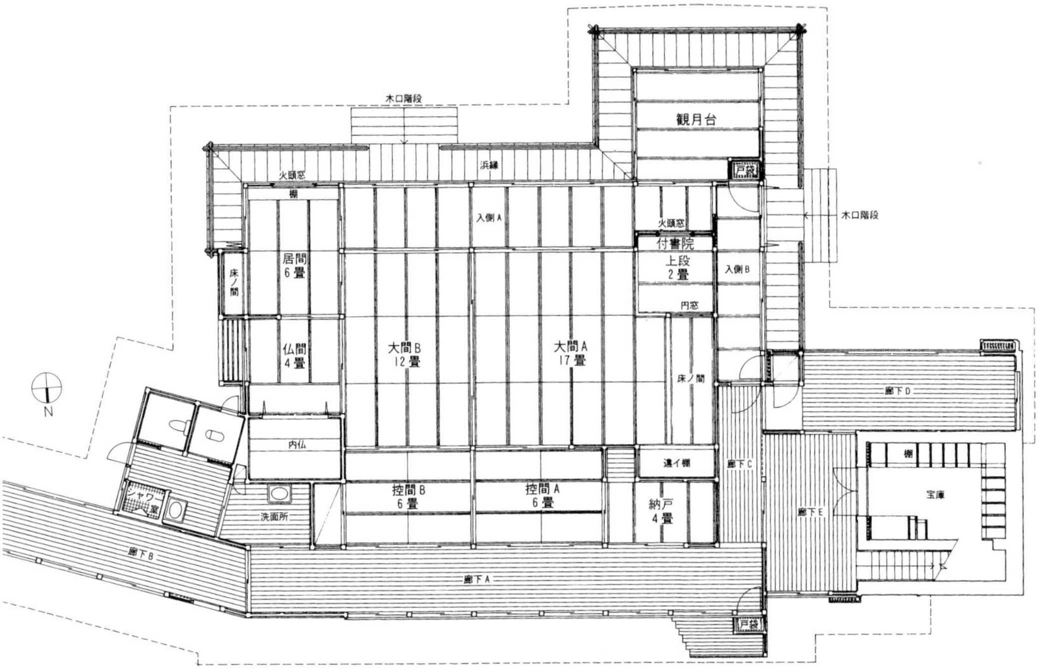

再生後平面図(S＝1:225)

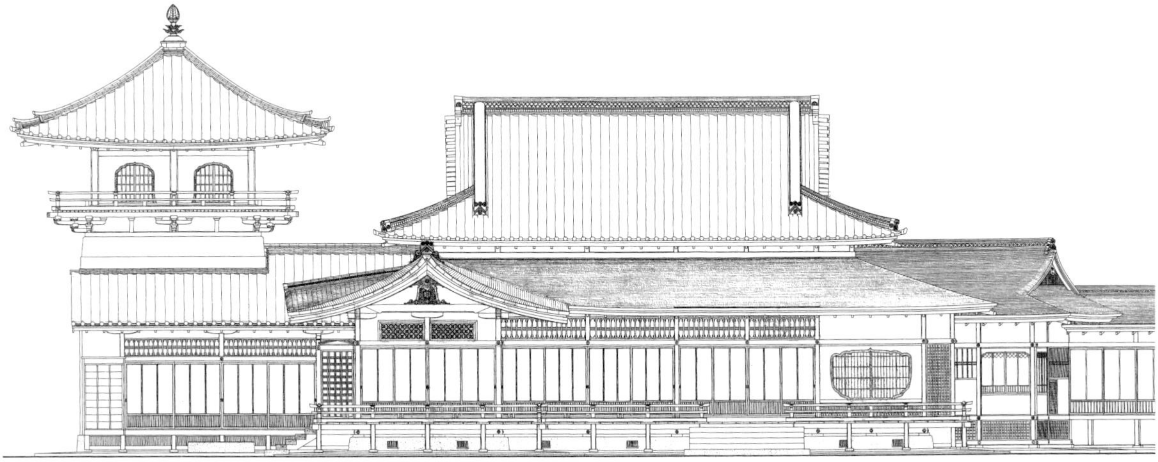

移築前実測立面図(S＝1:150)

J 移築前。白金の敷地に和館と洋館が廊で結ばれて建っていた。
和館の左側には茶室があったという。藤山雷太氏は主に洋館で生活し、
和館をゲストハウス的に使っていたという(提供:藤森照信)

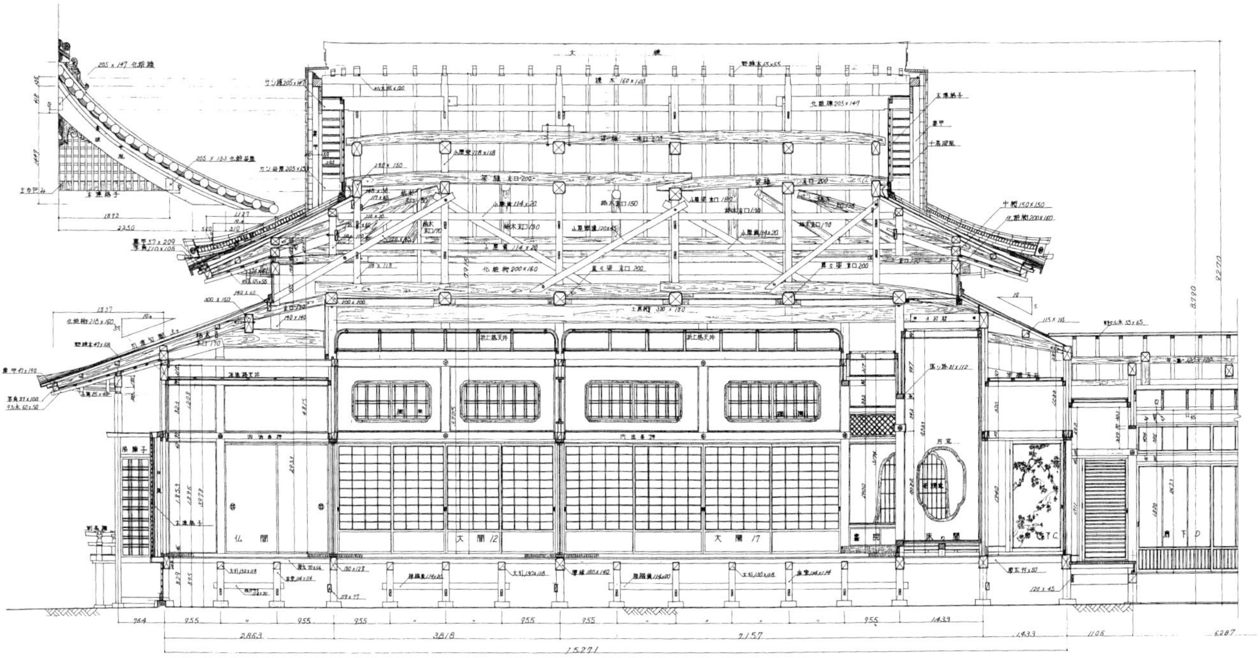

移築前実測矩計詳細図(S＝1：125)

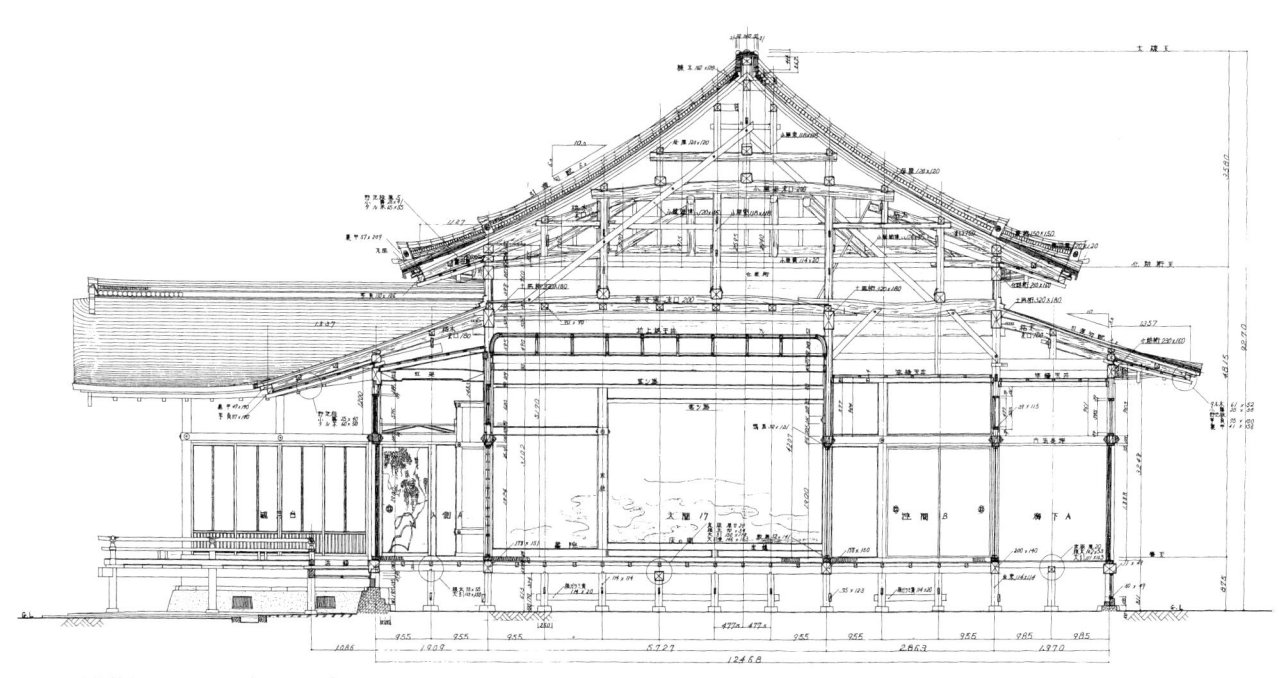

移築前実測矩計詳細図(S＝1：125)

移築再生により新たに見出される近代和風の特徴

❖

中屋菊次郎 NAKAYA Kikujiro

名古屋の地下鉄鶴舞線荒畑駅から歩いてわずかに3分の地に、瑞雲山龍興寺がある。1533（天文3）年に創建されたと伝えられる曹洞宗寺院である。田畑に囲まれた田園地帯にぽつんと建っていた寺院であったが、1920年代から始まる耕地整理事業と都市計画事業や戦後の戦災復興事業に伴って境内は狭くなり、また、伽藍は1945年1月の空襲で焼失したため、戦後、往時をしのぶ姿はなく、仮設の本堂で急場をしのいでいた。

東京から名古屋への移築

その龍興寺に新しい本堂（現在の客殿）ができたのは、1978年のことであったが、その本堂は新築ではなく、移築だった。もとの建物は、東京・白金にあった藤山邸の日本家（和館）の一部である。

藤山邸は、大日本製糖株式会社の社長であり、東京商業会議所の会頭を務めた実業家藤山雷太（1863–1938）が、白金に建てた住宅である。それは、鉄筋コンクリート造二階建地下室付でチューダー・ゴシック様式の本館（洋館）と木造の日本家（和館）からなっており、日本家は、夫人室や台所などがある「奥向き」の部分、接客用の「客間」がある部分、楼閣と茶席、の三つの部分から構成されていた。それらの延床面積は300坪（990㎡）もあり、その壮麗さから「白金御殿」と呼ばれていた。設計は、京都帝国大学教授を務めていた武田五一が顧問となり、本館の設計を宮崎謙三が担当し、和館部分の設計を中里清五郎が担当した。施工は、東京にあった高山組だが、日本家の施工は名古屋の大工棟梁魚津弘吉が請け負った。工事は1929年9月に起工し、1932年7月に竣工した。ちなみに、この直前、魚津は武田五一設計の永平寺大光明蔵の工事を請け負い、1930年に竣工させている。

その後、藤山雷太邸は1960年には近鉄の所有となり、しばらくはレストランとして使われたが、新たなホテル建設のため、1976年に取り壊しとなった。ところが、日本家を施工した魚津弘吉は、この当時まだ現役の大工棟梁として仕事をしていた。魚津は、その建物の良さを龍興寺の住職に話し、住職もその取り壊しを惜しみ、本堂として使うことを考えたことが契機となって、接客用の「客間」と楼閣の移築が実現し、「客間」は、龍興寺の本堂となった。移築は、東京での建物解体、名古屋・龍興寺への部材運搬、龍興寺での再建工事と2年間にわたって続いたが、当時喜寿を超えていた魚津がそれを指導した。魚津は後に、彼自身が手がけた建物を「私の分身です」（*）と語っているが、その思いとこの建物が、師と仰いだ武田五一の設計であることが重なり、それが移築保存の源となっていた。

移築された建物の平面は、付書院や床・棚の17畳の和室とそれに続く12畳の和室をそれぞれ客間（現在は大間）と呼んで中心に据え、それらの北側にそれぞれ次の間と呼ばれる前室を付けている。客間の天井は折上格天井になっている。この建物は本来、洋館である本館に併設された接客用の建物であるので、独立した玄関はなく、この建物の東側に建っていた本館から渡り廊下を延ばし、この建物の次の間を通って客間に通された。客間の南側には畳廊下があり、その外側には縁側がある。

庭に張り出た観月台

また、建物の南西角には、「観月台（月見台）」と呼ばれた8畳ほどの和室が庭に向かって張り出している。この部屋と畳廊下の間に戸袋があり、建物南側の雨戸を閉めたとき、この部屋だけがその外側に位置するようにつくられているところから、実際に月や夜景を見るために設けられた部屋である。しかしそれだけでなく、「観月台」は戸袋に接する壁面以外は四方をすべてガラス戸で覆い、しかも、客間から南側に突出していることから、ガラス戸を開ければ亭の如く三方から風が入り、ガラス戸を閉めれば温室の如く暖かくなり、春夏秋冬を通して快適に過ごすことのできる部屋でもあった。

客間の東側には仏間と書斎があるが、接客用の建物に仏間と書斎を設けていることは、この建物に招かれる客が藤山雷太にとってごく親しい間柄であったことを示し、また、藤山自身がこの建物を普段から使っていたことも示している。

建物の西側についている楼閣は、3階建で、1階・2階を倉庫（宝庫）として使いながら、最上階の3階は花頭窓をあけ、周囲に高欄のある露台をめぐらし、室内には神棚を備えた和室となっている。この露台は、柱から突き出た二手先の組物によって支えられているが、花頭窓の窓台の高さに合わせてつくられているので、実際にここに人が出ることは想定されておらず、楼閣の飾りである。楼閣のうち、倉庫の部分の構造だけは、防火・防犯を考慮して鉄筋コンクリート造となっており、移築に際しても鉄筋コンクリート造でつくられた。

「桃山風」書院造

明治時代から昭和初期にかけて、この建物のような書院造の建築様式を「桃山風」と呼んでいたが、それは本願寺飛雲閣に代表される安土桃山時代から江戸時代初期に建てられた楼閣付きの書院造を意味していた。また、内装もそれに応じて、「絢爛豪華」という言葉で表現されるきらびやかなものであった。この建物も、客間の格天井の格間や廊下の杉戸には極彩色の絵が描かれているほか、襖の引手には金メッキが施されている。

建物の屋根は桟瓦葺の入母屋屋根で、西側の縁側に設けられた庭との出入りに使う階段部分には銅版葺の唐破風が庇として設けられている。この唐破風の存在もこの建物を「桃山風」と呼んだ要素のひとつとなっている。楼閣部分の屋根は宝珠の載る方形屋根になっている。木造部分の材料は、木曽檜を用いている。また、小屋組は、この時期の和風建築によく用いられるトラスは使われておらず、日本の伝統的な和小屋となっており、建物から大きく張り出した軒先を支えるために桔木《はねぎ》が用いられている。

建物を長持ちさせる工夫

ところで、移築では、屋根に葺かれた銅版と楼閣の下部に使われた鉄筋コンクリート造の躯体以外は、ほとんどの部材をそのまま利用することとなった。これは、この建物が、当時、竣工からまだ44年しか経ておらず、基本的には部材が朽ち果てるほどの

K 市松模様に打ち付けられた木摺パネル

L 箍金物が用いられていた柱

M 解体中の野垂木。
(K、L、Mとも提供:魚津社寺工務店)

年数を経ていたわけではなかったためであるが、それに加えてこの建物には、建物が長持ちする工夫が施されていた。それは、構造的な補強であり、この建物は一見すると木造軸組の伝統的な建物に見えるが、桔木と桁・梁との接合部には羽子板と呼ばれる金物によって固定されるなど、構造部材の接合部はボルト締めで固められている。また、基礎では礎石と柱との間に5cm角、長さ10cmの鉛製太枘を入れて両者を固定している。さらに、床や棚の背後の壁は、木摺の下地に壁紙を貼っているが、その木摺は、間柱の間隔を基本としてつくられた格子に市松模様になるように方向を変えて打ち付けられ、その格子には対角線に斜材を入れて筋違としている。これは、壁に面剛性をもたせる工夫であり、木造真壁造の建物において意匠上では筋違を入れにくいことに対するひとつの答えであったと解釈できよう。このような構造的な補強は、濃尾地震を契機として始まった木造建物に対する耐震補強のひとつの到達点であった。さらに、太枘で固定された礎石と柱の間に鉛板を噛ませて柱の木口を保護している。また、広間（大間）の天井は、下から見える折上格天井の上にもう1枚の天井が張られ、その上は人が自由に歩くことができるため、屋根裏の維持管理に役立っている。

和洋の対比から新旧の対比へ

このようにして移築された「客間」と楼閣は、1979年、愛知県指定有形文化財となった。移築とはいえ、この建物は、20世紀前半の日本において建てられた規模の大きな住宅に併設された和風建築の典型例であり、愛知県が有形文化財に指定したことは質の高い近代和風建築として公式に認められた証しであった。その後、龍興寺では、2003年にこの建物の北側に新しい本堂が建てられたため、現在は、この建物を客殿としているが、すでに移築工事の竣工から30年が過ぎた。この建物は、いずれ第二の人生である移築後の歴史、すなわち龍興寺本堂（客殿）としての歴史の方が長くなることになる。藤山雷太邸日本家として使われていた時には、西洋館である本館に併設された建物としての性格が強かったため、この建物の特徴も西洋館との対比によって見出される和風建築の特徴でしかなかった。しかし、名古屋に移築され、第二の人生を歩むことになって、数百年にわたって育まれた伝統的な和風建築との対比によって「近代和風建築」の特徴を見出すことができるであろう。移築時に判明した構造的な工夫はその一例である。また、武田五一が設計にあたって参考にしたといわれる醍醐寺三宝院書院と比較するなら、近代の産物であるガラス戸の効用について考えることは必定である。地道ではあるが、このような個別事例の研究を積み重ねれば、近代和風建築の研究について、新しい方向が見出せると思う。龍興寺客殿は、そのヒントが多く隠されている建物である。観月台にて中秋の名月を見ると、その思いはいっそう強く感じられる。

*「生きる——宮大工の棟梁・魚津弘吉さん」『中日新聞』1980年3月14日

［参考文献］

東海近代遺産研究会編『近代を歩く』ひくまの出版 1994年

武田博士還暦記念事業会編『武田博士作品集』1933年

龍興寺本堂（旧藤山雷太郎日本家）

所在地	愛知県名古屋市
原設計	監修：武田五一　担当：中里清五郎
施工	魚津社寺工務店
移築再生設計施工	魚津社寺工務店
創建	1932年
移築	1978年
構造規模	木造平屋建、一部3階建
延床面積	$309.53m^2$
［主な外部仕上げ］	
屋根	桟瓦葺き、銅版一文字葺き
壁	漆喰塗り
建具	木製建具
［主な内部仕上げ］	
天井	折上格天井、一部鳥の子貼りの上金砂子仕上げ
壁	鳥の子貼りの上金砂子仕上げ
床	畳敷き

クレジット

［写真撮影］
新 良太　pp.20-31、54-65
小野吉彦　pp.10-19、66-105、118-149
北田英治　pp.32-43、p.069右
垂見孔士　pp.44-53
中田聡一郎　pp.106-117

［写真・図版提供］
アトリエサワ　p.012、p.013
一粒社ヴォーリズ建築事務所　p.090上
上原武二　P.047上右
魚津社寺工務店　p.149
太秦家（所蔵）　p.114左
小笠原伯爵邸　p.059左中・左下、p.060、p.063上
川上家　p.136
倉敷建築工房 楢村徹設計室　p.022、p.023下右・下左
鈴木千里設計室　p.074右
たねや　p.087下、p.092
田上家（所蔵）　p.114右
伝統技法研究会　p.138下右
中森 勉　p.104、p.105右
新居建築研究所　p.037左、p.038上左・下左
長谷川サミ子　p.073上
藤森照信　p.146
米原町教育委員会　p.080左（4点）

［出典］
『旧田辺邸移築再生保存調査報告書』　p.128
『住宅』大正5年10月号　p.133上
『世界人物図案集成』　p.138下左
『ジョサイア・コンドル建築図面集I』　p.069上
（50音順）

［協力］
『建築知識』編集部
『住宅建築』編集部

初出一覧

本書は、『建築知識』連載「リサイクル・アーキテクチュア」、『住宅建築』連載「時を超えて生きる——再生建築探訪録」に掲載されたものを、加筆・再構成したものです。

宝塚・玉瀬の家
　『住宅建築』2006年1月号
考忠邸・恒見邸
　『建築知識』2003年3月号
丈六の家・日和佐の家・石井重松の家
　『住宅建築』2006年11・12月号
かんから・カン
　『住宅建築』2006年4月号
小笠原伯爵邸
　『建築知識』2003年5月号
銀河館
　『住宅建築』2006年5月号
米原市醒井宿資料館
　『住宅建築』2006年6月号
旧忠田邸
　『住宅建築』2006年10月号
山中温泉・芭蕉の館
　『住宅建築』2006年7月号
旧小熊邸
　『建築知識』2002年10月号
武田薬品工業京都薬用植物園迎賓資料館
　『住宅建築』2006年9月号
文化のみち二葉館
　『住宅建築』2006年2月号
龍興寺客殿
　『住宅建築』2007年2月号

あとがき

❖

藤谷陽悦 FUJIYA Yoetsu

建築史研究は文化財保護との関わりを抜きして語ることはできない。民家と近代建築の保存が無視できない状況を迎えたのは、高度経済成長によって国土の開発が進んだ1960年頃である。1956、57年の今井町調査を嚆矢として、日本建築学会歴史意匠委員会では民家の全国調査と目録整備の必要性から1963年に民家小委員会が設置され、文化庁でも1966年から全国研究者の協力を得て「民家緊急調査」が行われている。1967年には妻籠宿保存調査を経て、街並み調査に対する歴史的な関心は研究者に広がり、伝統的コミュニティの崩壊と絡めてデザイン・サーベイ論を生み出している。

近代建築についても同様で、明治建築小委員会（1962年）を継承した近代建築史小委員会では1980年に『日本近代建築総覧――各地に遺る明治大正昭和の建物』（技報堂出版）を刊行した。地域の特性と絡めて取り上げた近代建築の魅力は、地方再生への視座と重なり、1980年代にはデザイナー・技術者・一般文化人を交えて、近代建築の「保存と活用」「文化遺産としての建築」に関する議論が盛んに行われた。近代建築の近畿支部環境保全部会では1993年に『近代建築の保存と再生』（都市文化社）を刊行し、保存・再生・地域資産としてのあり方を世に問うたことがある。近代建築の保存の問題は、地方における地域・文化・情報発信として、1990年頃から新聞・テレビ・マスコミ等で取り上げられるようになった。その一方で、“もったいない改修ビル工事“と変わらない誤解も目立ち、それとは違う、歴史伝承という本来の「保存・再生」のあり方を世に伝える必要性が生じたのである。

研究会ではメンバーが手分けして現地調査を重ね、例会で検討し、建築雑誌（『建築知識』・『住宅建築』）の連載を経て、2006年に集大成である『近代建築の保存・再生の理念に関する研究』（近代建築の保存・再生研究会、研究代表者：足立裕司）をまとめた。同年に開催された簡単なシンポジウムでは、この内容を一般市民・学生・設計者・建築関係者に幅広く読んでもらいたいという企画が持ち上がった。この相談に快く応じてくれたのが鹿島出版会（編集担当者：川嶋勝・渡辺奈美）であり、同社では保存・再生の実例集やデータを充実させ、教科書ベースで幅広く公開することを条件として、出版を引き受けていただいたのである。本書はこれから保存再生を実践していこうという建築家や、若い学生諸君に幅広く役立てていただきたいというのが本音である。

今回の企画にご協力していただいた皆さんには、この場を借りて、感謝申し上げます。

著者略歴

足立裕司(あだち・ひろし)
神戸大学大学院教授。1949年兵庫県生まれ。神戸大学大学院工学研究科修士課程修了。主著『栄光の残像』(共著、出版社澪)、『関西のモダニズム建築20選』(共著、淡交社)

石田潤一郎(いしだ・じゅんいちろう)
京都工芸繊維大学教授。1952年鹿児島県生まれ。京都大学大学院博士後期課程修了。主著『関西の近代建築』(中央公論美術出版)、『湖国のモダン建築』(京都新聞出版センター)

内田青藏(うちだ・せいぞう)
神奈川大学教授。1953年秋田県生まれ。東京工業大学大学院理工学研究科博士課程満期退学。文化女子大学・埼玉大学を経て現職。近著『「間取り」で楽しむ住宅読本』(光文社)、『学び舎拝見』(河出書房新社)

大川三雄(おおかわ・みつお)
日本大学教授。1950年群馬県生まれ。日本大学大学院理工学研究科博士前期課程修了。主著『近代和風を探る』(共著、エクスナレッジ)、『DOCOMOMO選 モダニズム建築100＋α』(共著、河出書房新社)

角 幸博(かど・ゆきひろ)
北海道大学大学院教授。1947年北海道生まれ。北海道大学工学部建築工学科卒業。主著『図説 民俗建築大事典』(共著、柏書房)、『道東の建築探訪』(共著、北海道新聞社)

千代章一郎(せんだい・しょういちろう)
広島大学大学院准教授。1968年京都府生まれ。京都大学大学院工学研究科博士後期課程修了。主著『ル・コルビュジエの宗教建築と「建築的景観」の生成』(中央公論美術出版)、『技術と身体』(共著、ミネルヴァ書房)

中川 理(なかがわ・おさむ)
京都工芸繊維大学教授。1955年神奈川県生まれ。京都大学大学院博士課程修了。主著『偽装するニッポン』(彰国社)、『風景学』(共立出版)

中森 勉(なかもり・つとむ)
金沢工業大学准教授。1954年石川県生まれ。金沢工業大学大学院博士後期課程単位取得退学。主著『近代建築ガイドブック―東海・北陸編―』(共著、鹿島出版会)

中屋菊次郎(なかや・きくじろう)
建築史家。1960年愛知県の鋸職人の家に生まれる。大工道具研究で著名な故村松貞次郎博士に師事し、建築史を学ぶ。論著に「軍閥・張作霖が夢見た瀋陽の近代化」(『週刊朝日百科世界100都市028大連』)など。

初田 亨(はつだ・とおる)
建築史家(元工学院大学教授)。1947年東京都生まれ。工学院大学大学院工学研究科修士課程修了。主著『模倣と創造の空間史』(彰国社)、『図説 東京 都市と建築の一三〇年―西洋に学んだ日本の近・現代建築』(河出書房新社)

藤谷陽悦(ふじや・ようえつ)
日本大学教授。1953年秋田県生まれ。日本大学大学院生産工学研究科博士前期課程修了。主著『建築のすべてがわかる本』(共著、成美堂出版)、『図説・近代日本住宅史』(共著、鹿島出版会)

山形政昭(やまがた・まさあき)
大阪芸術大学教授。1949年大阪府生まれ。京都工芸繊維大学大学院建築学研究科修士課程修了。主著『ヴォーリズの住宅』(住まいの図書館出版局)、『ヴォーリズ建築の100年』(創元社)

再生名住宅

時を超えるデザインII

発行　2009年9月25日　第1刷発行

著者　足立裕司＋石田潤一郎＋内田青藏＋大川三雄
角 幸博＋千代章一郎＋中川 理＋中森 勉
中屋菊次郎＋初田 亨＋藤谷陽悦＋山形政昭©

発行者　鹿島光一

発行所　鹿島出版会
〒107-0052 東京都港区赤坂6-2-8
電話 03-5574-8600
振替 00160-2-180883

造本・装丁　伊藤滋章

印刷　壮光舎印刷

製本　牧製本

ISBN 978-4-306-04536-1 C3052
Printed in Japan

本書の内容に関するご意見・ご感想は下記までお寄せください。
http://www.kajima-publishing.co.jp
e-mail: info@kajima-publishing.co.jp